MARTHA CALMON BLANC

ORÁCULO

UNIVERSO ENCANTADO

Oráculo - Tarô Universo Encantado
Copyright© Editora Ciência Moderna Ltda., 2015

Todos os direitos para a língua portuguesa reservados pela EDITORA CIÊNCIA MODERNA LTDA.
De acordo com a Lei 9.610, de 19/2/1998, nenhuma parte deste livro poderá ser reproduzida, transmitida e gravada, por qualquer meio eletrônico, mecânico, por fotocópia e outros, sem a prévia autorização, por escrito, da Editora.

Editor: Paulo André P. Marques
Produção Editorial: Aline Vieira Marques
Assistente Editorial: Dilene Sandes Pessanha
Capa: Carlos Arthur
Diagramação: Carlos Arthur

Várias **Marcas Registradas** aparecem no decorrer deste livro. Mais do que simplesmente listar esses nomes e informar quem possui seus direitos de exploração, ou ainda imprimir os logotipos das mesmas, o editor declara estar utilizando tais nomes apenas para fins editoriais, em benefício exclusivo do dono da Marca Registrada, sem intenção de infringir as regras de sua utilização. Qualquer semelhança em nomes próprios e acontecimentos será mera coincidência.

FICHA CATALOGRÁFICA

BLANC, Martha Calmon

Oráculo - Tarô Universo Encantado

Rio de Janeiro: Editora Ciência Moderna Ltda., 2015.

1. Cartomancia - Tarô
I — Título

ISBN: 978-85-399-0715-1   CDD 133.324

Editora Ciência Moderna Ltda.
R. Alice Figueiredo, 46 – Riachuelo
Rio de Janeiro, RJ – Brasil   CEP: 20.950-150
Tel: (21) 2201-6662/ Fax: (21) 2201-6896
E-MAIL: LCM@LCM.COM.BR
WWW.LCM.COM.BR

07/15

Dedicatória

Com gratidão, dedico à soberana energia divina e sagrada criadora deste Universo infinito e encantado, por tudo que aprendi e por tudo que ainda vou aprender.

Agradecimentos

Meus eternos agradecimentos ao meu mentor espiritual pelos laços que me trouxeram todas as orientações e aprendizados através de suas mensagens, pois sem elas seria impossível a realização desta obra. Obrigada...Obrigada... Obrigada...

Agradeço profundamente ao meu marido Fernando Luiz Lima Blanc por seu amor, apoio e incentivo para a realização não só deste trabalho, mas de tantos outros sonhos, caminhando de mãos dadas comigo desde meus 13 anos. Obrigada, Nino!

Agradeço à minha filha Daniele Calmon Blanc pelo carinho e cuidados dedicados a mim através do seu trabalho com Arte-terapia, que foi fundamental para eu enfrentar minhas sombras e sem medo seguir, avançando no processo de criação das imagens do tarô.

Agradeço à minha filha Fernanda Calmon Blanc por saber me ouvir com compreensão, contribuindo para os textos saírem com mais clareza e harmonia. Além de me apoiar de muitas formas, sempre me incentivando.

Também agradeço pela parceria do meu amigo e irmão do coração Guimes Hilário dos Santos por seu apoio incansável em todos os momentos. Sou imensamente grata pela vida tê-lo tornado parte de nossa família.

Ao meu irmão espiritual Walmir Reis de Oliveira Filho o meu muito obrigada pelo seu trabalho de muitos dias de dedicação nos ajustes, organização dos textos e figuras, além da montagem da capa deste livro. E minha gratidão também ao irmãozinho Heran Azevedo Rosas pela contribuição de seu talento de designer gráfico nos ajustes das imagens de algumas cartas.

Agradeço imensamente à Irmandade A Rosa e O Vento pela dedicação, pela troca de conhecimentos, pelo estudo, pelo apoio, pela confiança e por caminharem ao meu lado buscando sempre o desenvolvimento e equilíbrio espiritual através da prática do amor.

Agradeço à minha astróloga Dra. Eliene Sobreiro Couto por confirmar através dos astros o que já estava escrito, convidando-me a me recolocar dentro do meu próprio caminho, para que, assim, eu cumprisse o que a mim estava determinado.

VI — Oráculo - Tarô Universo Encantado

Agradeço à Professora Angela Maria Moreira Luz pela revisão do texto e conhecimentos transmitidos.

Gratidão a todos que fazem parte da minha história e que de alguma forma encantaram a minha vida, iluminando o meu caminhar.

Tarô Universo Encantado

Traz uma linguagem simples e suas cartas são desenhos com imagens fáceis de ser interpretadas; ele foi elaborado na intenção da pessoa consultada melhor entender e acompanhar com participação. Nele não existem símbolos complicados como na maior parte dos tarôs já criados, os quais foram aqui transformados em figuras conhecidas dentro da prática em nossas vidas.

Aqui nossas cartas são chamadas de núcleos ou esferas energéticas e têm um grande poder de vibrar de uma forma muito positiva na energia mental de quem está consultando o tarô, esclarecendo pontos importantes a serem trabalhados e reequilibrados.

O Tarô Universo Encantado não faz apenas previsões vendo o passado, presente, futuro, melhor que isso, ele tem como prioridade tratar, trabalhando no campo energético, mental, emocional e físico, a pessoa que está sendo atendida. Ele trabalha, principalmente, na cura e no equilíbrio energético.

Todas as cartas foram desenhadas por mim, mas sempre direcionadas por meus mentores espirituais de outras esferas e, da mesma forma, os textos de esclarecimento chegaram até mim, sempre no horário de 03h15min de várias madrugadas.

Este tarô nos ajudará a compreender o desenvolvimento universal e a entender nossa melhor participação neste encantado infinito, ele foi feito com muito amor e responsabilidade, mas sei que fui apenas um canal para trazer informações e não posso guardá-las em uma gaveta, pois elas pertencem ao mundo, à humanidade, e a todos eu entrego esses registros que considero sagrados.

Chegou o momento do poder da energia mental da humanidade (energia do coletivo) ser usada de forma positiva e harmoniosa, e por isso eu indico e dedico estes conhecimentos aos terapeutas, psicólogos, psiquiatras e a todos os tarólogos que trabalham com responsabilidade, sabedoria, amor e dedicação ao próximo.

Sei que o Tarô Universo Encantado é um instrumento de grande importância facilitadora e equilibradora e será muito útil ao seu trabalho.

Cordialmente,
Martha Calmon Blanc

O que representam as Cartas do Tarô Universo Encantado

As cartas do Tarô Universo Encantado representam núcleos ou esferas energéticas existentes nos universos que pulsam determinadas energias e estão elas interligadas, trabalhando para o desenvolvimento inteligente e equilibrado dos universos e, assim como nós que estamos encarnados na esfera energética **Terra,** existem outras esferas também habitadas por seres de corpos bem diferentes. Estudo Bíblico comparativo "Na casa de meu Pai há muitas moradas" João 14:2.

Existem muitos mundos, ou seja, esferas que são constituídas de material tão sutil que não são vistas nem percebidas por humanos, porém irradiam poderosas e contagiantes energias. Absorvemos estas energias através do nosso portal mental e é com a vibração de determinados sentimentos que nos conectamos com a esfera da mesma vibração de sentimentos que estamos vivenciando, reconhecer a responsabilidade da conexão com essas esferas é fundamental, pois atraímos para nosso planeta e para nossa vida muitas vezes com excessos de vibrações que desequilibram, gerando grandes adoecimentos e quando essas emanações são coletivas são maiores ainda os danos. Devemos trabalhar para nos mantermos equilibrados, assim atrairemos melhores energias na dose certa para nossa vida e irradiaremos esta felicidade, pois estamos interligados.

Através dos trabalhos feitos com as cartas do nosso tarô, aprenderemos a reconhecer e a usar na medida e na hora certa a energia dos núcleos existentes para nos mantermos equilibrados e sermos mais felizes e dessa forma podemos ser útil, ajudando de alguma forma no equilíbrio universal.

Ex.: Muitas guerras foram atraídas por pensamentos coletivos e também muitos remédios que curam foram descobertos atraídos energeticamente pelo desejo também coletivo.

Conexão com Outros Núcleos

Podemos viajar a outras esferas ou núcleos energéticos, ou seja, a outros mundos, quando dormimos ou fazemos algum tipo de relaxamento mental. Também usamos formas conscientes ou não que nos transportam a esses núcleos existentes nos universos, como por exemplo, podemos dizer que os pensamentos frequentes em um determinado assunto é um forte condutor de ligação e transporte, assim como cantar ou ouvir repetidamente determinada canção ou até mesmo repetindo determinadas palavras ou frases ou sons.

Podemos também usar desenhos, símbolos, pinturas, cores para fazer a frequência de conexão. Destaco a dança como um poderoso aliado de conexão, já que ao dançarmos estamos trabalhando com o todo do nosso eu: a energia física, emocional, mental, a energia psicológica e a energia espiritual, enfim, a arte de uma forma geral é uma grande aliada. Existem outras formas de se fazer este contato e, aqui, cito as principais formas.

É importante dizer que ao dormimos estamos no mundo dos sonhos, isto é, nossa mente está relaxada e aberta para viajarmos a outros mundos, aí está o motivo dos pesadelos, dos sonhos belos e com avisos, ou com orientações vindos de nossos mentores (*Self* na psicologia Junguiana).

Mais de 95% dos nossos sonhos não nos lembramos para nossa própria proteção, pois nossa mente (no campo físico) não suportaria a quantidade de informações, ou seja, de carga energética. Na esfera material, somos muito densos, imensamente limitados para penetrar em outras esferas, por exemplo, a maior parte dos doentes mentais entrou em uma frequência de vibração superior à sua resistência de mente física e assim ficaram presos à energia de outras esferas e adoecidos.

Quanto mais desenvolvemos nossa mente, procurando nos manter em uma frequência de equilíbrio com o *Uno*, maior será nosso poder de comunicação com outros mundos e, principalmente, com nossos mentores espirituais. Mas é muito importante não ansiarmos por isso, tentando acelerar este processo, isto também pode gerar adoecimentos. O nosso desenvolvimento deve ser o mais natural possível, dentro da capacidade espiritual, mental, emocional e física de cada um, e devemos nos preocupar apenas em sabermos se estamos trabalhando em uma frequência determinada para o nosso equilíbrio, pois só em equilíbrio podemos ser úteis ao desenvolvimento inteligente universal.

A Conexão com os Núcleos para Alcançar o Equilíbrio

Devemos sempre lembrar que a mente é a porta aberta para todas as possibilidades, por este bom motivo devemos vigiar nossos pensamentos e hábitos comportamentais, pois eles são o veículo de contatos com outros núcleos de energia pulsante de forças gigantescas, que entram pelo nosso campo energético, mental, emocional e físico na quantidade em que permitimos através do nosso contato de vibração.

Os caminhos para esses contatos são vários e os principais já foram ditos no texto "conexão com outros núcleos". O importante é sabermos usar esses caminhos na direção certa e assim trabalhar a conexão energética necessária naquele momento em nossa vida, na intenção de estarmos sempre procurando nosso equilíbrio e continuar assim de forma renovadora o nosso desenvolvimento, contribuindo de alguma forma com o todo universal, pois somos parte dele e estamos interligados nos renovando, sempre procurando nos nutrir da energia necessária contida neste universo encantado, mágico e infinito.

Todos os núcleos são, maravilhosamente, importantes por mais assustadoras que suas energias possam parecer. Devemos aprender a conhecer e compreender os núcleos energéticos, devemos evitar nos manter por muito tempo vibrando uma mesma energia, os excessos em uma ou mais esferas sempre trazem efeitos nocivos, até uma esfera que nos encanta por sua beleza e maravilhosas vibrações. O excesso também pode causar desequilíbrios e adoecimentos, pois todas as esferas, que aqui estão representadas pelas cartas, têm o lado sombra em sua outra face, e é ela que começa a vibrar energias quando cometemos excessos em determinadas esferas.

EXEMPLO: os núcleos energéticos funcionam como remédios equilibradores que não devem ser usados com exageros de quantidades e tempo, mas se forem ingeridos na dose certa trazem a cura e o equilíbrio que precisamos. As cartas do Tarô Universo Encantado irão nos orientar, nos ensinar a nos conectar com a energia necessária de acordo com o momento que estamos atravessando e, desta forma, seguir em harmonia, usufruindo da melhor forma desta exuberante e fantástica energia divina universal. Por intermédio do nosso equilíbrio e harmonia, emanaremos melhores sentimentos que ajudarão a curar e a equilibrar a energia do coletivo.

XIV — Oráculo - Tarô Universo Encantado

O Universo em Infinito Movimento

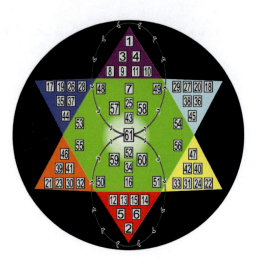

    A energia universal se encontra sempre em movimento pulsante, é assim que acontece o desenvolvimento que é sempre influenciado pela soberana energia central inteligente, os núcleos repassam sempre pelo centro para desenvolver o equilíbrio, a inteligência, e assim seguir evoluindo. Podemos observar a repetição de fatos parecidos de tempos em tempos pela influência de todos os núcleos de todas as dimensões, que estão sempre se movimentando, girando em espiral como se fosse um gigantesco 8 se retorcendo. Desta forma, tudo que foi vivido e registrado em seus determinados núcleos e dimensões tende a passar repetidamente pelo grande centro de união desse 8, por isso a tendência da repetição de fatos muito parecidos em tempos diferentes, porém essa movimentação energética no planeta terra é influenciada, principalmente, pelos pensamentos, sentimentos, desejos e ações de nós humanos que alimentamos e atraímos para o grande centro uma determinada frequência energética. Quando determinada energia está em ação e fortemente ligada ao nosso planeta, podemos notar com clareza de qual vibração se trata, como exemplo, podemos citar acidentes de avião quando acontecem seguidamente em vários lugares diferentes, ou incêndios, ou chacinas, enchentes etc.

O Universo em infinito movimento — XV

Felizmente, hoje, podemos ver uma grande manifestação ecológica acontecendo, também movimentos lindos de ajuda a crianças, animais, idosos e muitos outros, e são ações como essas que funcionam como verdadeiros remédios que curam pesadas energias geradas pelo coletivo no mundo todo; precisamos sempre saber compreender, sentir a energia que está em ação, ou seja, movimentando o nosso universo, para tomarmos os cuidados mais necessários naquele momento, ou aproveitarmos o bom momento para atingir um objetivo desejado.

Esses fatos que se repetem podem acontecer em grandes ou pequenas escalas, muitas vezes em núcleos familiares, podemos notar também a repetição de fatos já ocorridos no passado acontecerem novamente com outro membro da família, mas de qualquer forma esse movimento é uma nova oportunidade de se fazer de uma melhor forma, pois essa repetição acontece para um aprendizado, um desenvolvimento em direção ao equilíbrio universal.

Conhecendo as Classificações das Cartas (dos Núcleos Energéticos)

1ª ESTRELA DIMENSIONAL:

1 - Deusa Mãe Universal	"sombras"	7 - Deusa Mãe da Inteligência
2 - Deus Pai das Trevas	5 - O Anjo Negro	
3 - Deusa Mãe das Luas	6 - A Guardiã das Sombras	
4 - Deus Pai dos Sóis		

2ª ESTRELA DIMENSIONAL:

"luz"	"sombras"	
8 - Deus do Fogo	12 - Senhora da Estagnação	16 - Deusa Mãe da Alquimia
9 - Deus do Ar	13 - Senhora do Destino	
10 - Deusa das Águas	14 - Senhor das Catástrofes	
11- Deusa das Terras	15 - Senhor dos Vícios	

3ª ESTRELA DIMENSIONAL:

17 - Mãe das Fadas	21- Senhor da Solidão	25 - Deus da Terra
18 - Mãe da Vida	22 - Senhor da Dor	
19 - Mãe da Inocência	23 - Senhora da Displicência	
20 - Mãe do Ouro	24 - Senhora Vampira	

4ª ESTRELA DIMENSIONAL:

26 - Pai do Céu	30 - Senhor Ancestral	34 - Deus da Arte
27 - Pai da Terra	31 - Senhor da Ambição	
28 - Pai do Tempo	32 - Senhor do Trabalho	
29 - Pai da Comunicação	33 - Senhor Lenhador	

XVIII — Oráculo - Tarô Universo Encantado

5ª ESTRELA DIMENSIONAL:

35 - Deusa da Paixão

36 - Deusa do Amor

37 - Deuses da União

38 - A Família

39 - O Amante

40 - A Amante

41 - Deusa do Livre Arbítrio

42 - Deusa da Prosperidade

43 - Deusa da Gratidão

6ª ESTRELA DIMENSIONAL:

44 - O Guardião dos Portais

45 - Deusa dos Instinto

46 - Deusa da Visão Sagrada

47- Deusa da Proteção

48 - O Guerreiro

49 - A Guerreira

50 - A Parceira

51 - O Parceiro

52 - Deusa do Merecimento

7ª ESTRELA DIMENSIONAL:

53 - Deusa da Realização

54 - O Lar

55 - Os Amigos

56 - O Poder

57 - O Rei

58 - A Rainha

59 - A Despedida

60 - O Aprendizado

61 - Rainha do Silêncio

Obs: 62 "O Caminho" é o centro de desenvolvimento inteligente universal que se autoformou totalmente após o nascimento do sétimo núcleo, que é o útero gerador de todos os núcleos energéticos. Atualmente ela é representada pelo nº62.

Responsabilidade

O Tarô Universo Encantado é um instrumento de grande poder, ele nos esclarece sobre a manifestação divina através do desenvolvimento de todas as esferas energéticas e do poder da frequência de cada uma. Você, que se dispõe a trabalhar com este instrumento, deve sempre ter humildade, amor, responsabilidade e pura intenção de ajudar a pessoa a ser consultada, respeitando os caminhos e o desenvolvimento do todo universal. Desta forma, não vai haver interferência na regência da grande força criadora, e sim a contribuição para que tudo possa fluir sem os bloqueios de energias estagnadas.

No momento em que você inicia o atendimento, a participação do consulente deve ser ativada, pedir a permissão para trabalhar no campo energético da pessoa consultada é fundamental, esclarecer que as portas para as esferas energéticas são abertas através dessa permissão e da frequência mental, a qual também é muito importante. O tarólogo é um instrumento que esclarece as mensagens e conduz o direcionamento de energias que naquele momento estão sob sua responsabilidade, trabalhando o equilíbrio e o tratamento de cura da pessoa consultada. Com certeza, a vida desta pessoa consultada vai mudar, lenta ou rapidamente, por isso uma palavra, uma conexão, um exercício trabalhado de forma errada terão um efeito muito negativo.

Devemos ter todo o cuidado com nossas palavras, sentimentos, pois nosso trabalho é confortar, equilibrar, esclarecer, direcionar positivamente, sempre com amor e verdade, fortalecendo a fé na energia divina e sagrada que fala dentro do coração de todos nós. O atendimento é sempre um tratamento de grande responsabilidade do tarólogo, naquele momento ele entra no campo energético do consulente e trabalha em várias esferas, levando e trazendo energias e informações. O tarólogo neste momento é um canal divino, e quanto mais pura e verdadeira for a intenção de ajudar, mais poder de conexão com as mensagens sagradas e esclarecimentos ele recebe, podendo mostrar com mais segurança o caminho a seguir, usando sempre a sensibilidade e as palavras com responsabilidade para uma perfeita e positiva reprogramação no campo energético do consulente.

Sumário

CAPÍTULO I

Formação da Primeira Estrela Universal: Primeira Dimensão 1

   Deusa Mãe Universal...3

   Deus Pai das Trevas...7

   Deusa Mãe das Luas...11

   Deus Pai dos Sóis...13

As sombras..17

   O Anjo Negro 19

   A Guardiã das Sombras 21

Esclarecimento Sobre a Carta 5 "O Anjo Negro" e a Carta 6 "A Guardiã das Sombras" 22

   Deusa Mãe da Inteligência..25

Estrela dimensional nº 1 26

CAPÍTULO II

Formação da Segunda Estrela Universal: Segunda Dimensão 29

   Deus do Fogo 33

   Deus do Ar..35

   Deusa das Águas...37

   Deusa das Terras...39

   Senhora da Estagnação 41

   Senhora do Destino...43

   Senhor das Catástrofes..45

   Senhor dos Vícios..47

   Deusa Mãe da Alquimia 49

XXII — Oráculo - Tarô Universo Encantado

CAPÍTULO III

Formação da Terceira Estrela Universal: Terceira Dimensão 51

Mãe das Fadas 55

Mãe da Vida 57

Mãe da Inocência 59

Mãe do Ouro 61

Senhor da Solidão 63

Senhor da Dor 65

Senhora da Displicência 67

Senhora Vampira 69

Deus da Terra 71

CAPÍTULO IV

Formação da Quarta Estrela Universal: Quarta Dimensão 73

Pai do Céu 77

Pai da Terra 79

Pai do Tempo 81

Pai da Comunicação 83

Senhor Ancestral 85

Senhor da Ambição 87

Senhor do Trabalho 89

Senhor Lenhador 91

Deus da Arte 93

CAPÍTULO V

Formação da Quinta Estrela Universal: Quinta Dimensão 95

Deusa da Paixão 99

Deusa do Amor 101

Deuses da União 103

A Família 105

Sumário — XXIII

O Amante 107

A Amante 109

Deusa do Livre Arbítrio 111

Deusa da Prosperidade 113

Deusa da Gratidão 115

CAPÍTULO VI

Formação da Sexta Estrela Universal: Sexta Dimensão 117

Guardião dos Portais 121

Deusa dos Instintos 123

Deusa da Visão Sagrada 125

Deusa da Proteção 127

O Guerreiro 129

A Guerreira 131

A Parceira 133

O Parceiro 135

Deusa do Merecimento 137

CAPÍTULO VII

Formação da Sétima Estrela Universal: Sétima Dimensão 139

Deusa da Realização 143

O Lar 145

Os Amigos 147

O Poder 149

O Rei 151

A Rainha 153

A Despedida 155

O Aprendizado 157

Notas e esclarecimentos sobre a sexta e sétima dimensão (Dimensões de energias
futurísticas) 159

CAPÍTULO VIII

Formação da Oitava Estrela Universal: Oitava Dimensão 161

A Nova Era 163

Rainha do Silêncio 165

O Caminho 167

CAPÍTULO IX

Iniciando o atendimento 169

Segunda opção para colocação das cartas 173

Energia dos elementos.. 175

CAPÍTULO X

Esclarecimentos importantes ao tarólogo.. 177

Saudação aos quatro elementos 179

Orientações... 180

CAPÍTULO XI

Esclarecimentos importantes ao consulente 183

Orientações ao consulente para o reequilíbrio energético................. 186

Grande aliada para o reequilíbrio energético: a arte terapia 187

Apresentação do mentor 188

CAPÍTULO XII

Conclusão 191

CAPÍTULO I

Formação da Primeira Estrela Universal:
Primeira Dimensão

Deusa Mãe Universal

"Reinando, ela dormia
Flutuando na absoluta fria e negra imensidão
Pulsando sozinha, ela dormia
Borbulhando o todo infinito em seu gigante corpo de vulcão.
Ela dormia no berço da maior erupção
E assim aconteceu a mais bela e mágica explosão
Ela foi fecundada coroada pela luz de fogo da paixão
De prazer ela suspirou em êxtase, preenchida por sua metade, que
para sempre ela amaria.
A divina luz que a iluminava, o selvagem fogo que a aquecia
Ele para sempre seria o encanto que nela existia
Do ventre dela explodia magia
Sementes dos planetas e seres que mais tarde existiriam um dia
E assim, encantada para sempre ela ficou
Crescendo, crescendo, jorrando vida, luz e amor."

SIGNIFICADO:
- Poder de realização pleno e absoluto.
- Poder de liderança e comando.
- Poder de conexão com o todo.
- Sabedoria interior multiplicativa.

PERSONALIDADE ENERGÉTICA:
Soberana com o poder de comando, liderança forte e inteligente com variadas capacidades e dons.

REGE:
Interligação com o todo e a oportunidade do poder de realizar a abertura para todas as possibilidades, sendo reconhecidas e despertadas.

O EXCESSO CAUSA (ASPECTO NEGATIVO):
Superioridade com arrogância, manipulação, autoritarismo, ditadura, poder de autodestruição e destruição, entrando na energia da estagnação.

ADOECIMENTO:
Doenças autoimunes Ex.: lúpus

ESFERA DE LIGAÇÃO COM:
Pessoas de poder de decisão, com vários dons e capacidades, com líderes, governos, presidências, chefias e comandos.

OBS.: grande responsabilidade ao se conectar com este núcleo poderoso. Saber direcionar o portal mental para o objetivo desejado vigiando a consciência, já que o todo aqui está contido. Esta é a energia de grande poder no aspecto sombra ou luz, pois este núcleo é o portal de conexão da realização de variadas infinitas possibilidades.

ESCLARECIMENTO:
Energia da soberana força do universo infinito e encantado, aqui está o infinito de todas as possibilidades conhecidas e desconhecidas que existem e que ainda existirão.

Deusa Mãe Universal

- Célula divina da criação
- Núcleo energético primitivo latente
- Óvulo pronto para fecundação
- A infinita e soberana potência da Deusa e do Deus unificada e adormecida
- O frio, a escuridão, o mistério, a introspecção
- Energia primitiva do uno

Nessa era, nasce o primeiro símbolo sagrado que num futuro muito distante seria reconhecido e cultuado pelas primeiras civilizações em seus cultos religiosos. Esse símbolo é o círculo que representa a energia da Grande Deusa Mãe, simbolizado muitas vezes por um cálice, ou uma coroa.

OBS.: aqui estão todas as possibilidades. Rege a interligação com o todo.

A carta oferece tudo, e o indivíduo consulente se serve como quer, por isso o papel de informar a importância da conexão com energias positivas (palavras, pensamentos e atitudes). Podemos usar a metáfora de que a carta simboliza o universo sendo servido em uma bandeja, e o consulente pode se servir do que desejar: de energias positivas ou negativas.

A responsabilidade da escolha é individual, pois quando esta carta aparece, as possibilidades são múltiplas, é uma carta de abertura, só precisará da ação certa para ser ativada e se alcançar o desejado.

OBS.: uma pessoa que busca a consulta e ao escolher as cartas, essa é a 1ª escolhida, contém todas as possibilidades em latência (adormecida), após o contato é "fecundada" e é capaz de colocar em prática, realizar, concretizar tudo que realmente se propor.

Importante: estudos comparativos da carta, com base no cap. III "Da criação" do Livro dos Espíritos:

- Não existe nada absoluto ou vácuo, sempre há uma substância pré--existente, ou seja, sempre existe uma possibilidade.

Deus Pai das Trevas

"Selvagemente ele a tomou,
de fogo e calor a inundou,
enfeitiçado tudo ficou,
o mágico infinito ela enxergou
e nela a vida eternamente ficou."

SIGNIFICADO:
Potencial sem esclarecimento, energia forte e bruta, contagiante, impulsividade, ação sem raciocínio, força que necessita direcionamento equilibrado, pois sempre gera transformação nociva, caso não esteja bem dirigida, por exemplo, explosão, agitação, violência, impulsividade, inconsequência e descontrole.

PERSONALIDADE ENERGÉTICA:
Ativa e cheia de energia, impulsiva, explosiva, agitada, inquieta, agressiva e sem raciocínio.

REGE:
A energia, a força, o instinto, a ação, a oportunidade do aprendizado, pois está apto a crescer e se desenvolver. É nítida e forte esta influência sobre os adolescentes, por isso, é fundamental que seus responsáveis direcionem essa energia. Rege também a energia sexual e desenvolve a inteligência instintiva.

O EXCESSO CAUSA (ASPECTO NEGATIVO):
A loucura, desordens, confusões, desequilíbrio, explosões e agressões, etc.

ESFERA ENERGÉTICA DE LIGAÇÃO:
Com a psiquiatria, tanto como paciente ou profissionalmente, psicólogos, psiquiatras, enfermeiros.

Obs.: identificando esta tendência de paciente psiquiátrico, o caminho da cura energética pode ser freando, paralisando, esfriando esse calor, ou descontrole para um equilíbrio.

ESCLARECIMENTOS:

Conselhos ao consulente que esteja com influências desta carta núcleo: respirar, meditar, refletir, suavizar a impulsividade e agressividade para não criar a desordem. Cura através de músicas e cores suaves que costumam acalmar, ou direcionar essa energia explosiva para um esporte ou outra atividade.

Obs.: núcleo energético *yang*

Deus Pai das Trevas

- Fecundação
- Ação *big bang*
- Nascimento do Deus das trevas
- Energia quente, fogo, luz, ação, expanção, exteriorização.

NOTA: a energia latente separa das micro nano células materias, ficando sobre elas, e novamente penetrando, é o maior e infinito êxtase entre a energia feminina e masculina, e assim nasce o DEUS das trevas. Nesta explosão de força incalculável, é o Big Bang iniciando a viagem infinita da evolução de todos os universos. E encantadamente nós já eramos parte dessa poeira cósmica.

Observações seguintes feitas com base em estudos no Livro dos Espíritos, cap. III "Da criação":

9

- Inicialmente havia caos/confusão dos elementos, antes da formação dos seres vivos mais complexos (leia as possibilidades, fazendo analogia ao tarô). No momento propício, podem "nascer e crescer", quando a força que mantinha tudo adormecido cessa, surge então a possibilidade de acontecer algo, nascer algo.

NOTA: com o *big bang* houve a chegada desta inteligência instintiva, sem direcionamento. Esta é a energia que impulsiona ao crescimento das possibilidades. É o principio da vida, o fogo do portão da vitalidade, a energia que desperta e alimenta a vida, é nessessária, porém precisa muito ser doutrinada, equilibrada e direcionada com inteligência de raciocínio para que possa acontecer a ação certa.

Obs.: as religiões antigas, pagãs costumavam saudar essa energia com símbolos que lembram o falo masculino, como chifres, punhal, cetro (vara mágica). Esse é o segundo símbolo sagrado no paganismo.

Deusa Mãe das Luas

"E do seu ventre nascia, cheia de encanto, beleza e magia.
A misteriosa lua que igual à mãe seria, cheia de sabedoria
de muitos mundos grande mãe se tornaria."

SIGNIFICADO:
Manifestação da energia criadora. Poder intuitivo e de magia, desenvolvimento espiritual, poder de ligação com o Sagrado, com ação e influência.

PERSONALIDADE ENERGÉTICA:
Sacerdotal, espiritualizada, fortemente ligada à magia e mistérios, pode se tratar de uma pessoa muito espiritualizada.

REGE:
A esperança, a fé, a crença e o misticismo; rege também a religião e a meditação.

O EXCESSO CAUSA (ASPECTO NEGATIVO):
Introspecção, solidão, recolhimento, interiorização, incapacidade de viver a realidade, santificação, fanatismo, rigidez.

ADOECIMENTO:
Frigidez.

ESFERA ENERGÉTICA DE LIGAÇÃO COM:
Líderes espirituais, padres, madres, sacerdotes, pastores, etc.

OBS.: energia *yin*, feminina, ligada aos mistérios, com grande poder intuitivo, com ligação ao Sagrado em ação e influência sobre os outros. A responsabilidade é grande de quem está nesta energia, pois tem grande poder de influenciar outros e mudar energias por onde passar, pois seu comportamento é sempre considerado um exemplo a ser seguido.

ESCLARECIMENTO:
As estrelas contidas na imagem da carta simbolizam as sementes masculinas contidas na essência feminina.

Em um atendimento, esta é uma das cartas que pode ser usada para curar e equilibrar a energia da carta nº 2: O DEUS PAI DAS TREVAS.

Deus Pai dos Sóis

"Encantada ela assistia,
o dourado esplendor do seu segundo filho, que do seu ventre nascia.
Ele exuberante, igual ao pai seria,
cheio de calor, cheio de energia,
brilhante, magnífico sempre seria...
Com grande conhecimento e soberania,
fecundaria com magia,
o todo feminino que existia."

SIGNIFICADO:
Energia yang em ação, caminhos iluminados e bem direcionados, maravilhosas conquistas, destaque, exteriorização, expansão, oportunidades, alegrias, vitórias, proteção e realização.

PERSONALIDADE ENERGÉTICA:
O ser iluminado que encanta; o ser admirado; a soberania; a beleza que seduz e se destaca.

REGE:
A exteriorização, o magnetismo, a beleza, o carisma.

O EXCESSO CAUSA (ASPECTO NEGATIVO):
Vaidade excessiva, exibicionismo, gerando individualidade rejeitada pelos outros, exclusão, tristezas e mágoas.

ADOECIMENTO:
Hipertensão arterial

ESFERA ENERGÉTICA DE LIGAÇÃO COM:
Profissionais com exposição e destaque, como modelos, atores, cantores, professores, etc.

Deusa Mãe das Luas
e Deus Pai dos Sóis

- Podemos dizer que nesta era, o corpo universal está na fase de um embrião.
- Aqui as energias masculina e feminina são separadas e, conscientemente, reconhecidas.
- Aqui também nessa era, se formou o terceiro forte ponto de equilíbrio energético que no futuro foi reconhecido e cultuado pelas antigas civilizações dentro de seus círculos religiosos, como o terceiro sinal sagrado que era praticado como um ato de autobenzimento da seguinte forma:

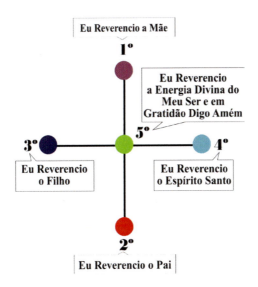

Obs.: tempos mais tarde, quando a humanidade entrou no regime patriarcal, esse mesmo sinal sagrado passou a ser o tão conhecido sinal católico: em nome do pai, do filho, do espírito santo, amém. Dessa mesma forma, tudo o que reverenciava a grande mãe e o feminino sagrado foi sendo excluído; a própria mulher, inclusive, sofreu uma grande influência dessa energia que vibrou forte em todo universo, e ela foi muito discriminada, e assim o desequilíbrio foi gerado pela desigualdade de valorização e respeito entre a energia da Deusa e do Deus, já que as duas energias precisam ser valorizadas com igualdade para acontecer o equilíbrio e o desenvolvimento energético necessário de forma natural e harmoniosa.

As sombras

"E logo ela pôde ver, geminada em cada um de seus filhos,
outra face negra e sombria, trêmula e doentia.
Cegos, talvez, seriam?
Ou estariam ofuscados pelo esplendor de beleza e magia
de seus irmãos lua e sol que naquele momento regiam?
Afastados eles seriam e ao lado oposto ficariam e ali muito
bem cuidados e amados pela grande mãe também estariam."

Todos os indivíduos que permanecem excessivamente em contato com os núcleos sombras, cuja energia é predominantemente negativa, podem, em um determinado momento aprender algo de positivo, através da dor.

O Anjo Negro

"Seu coração selvagem nada entendia
Só doía
Dentro da fria e negra escuridão
Cego, ele gemia
A ira e o ódio aqueciam
Seu próprio sangue que escorria."

SIGNIFICADO:
Mágoa, ressentimentos, ódio, ira, agressividade, falta de perdão.

PERSONALIDADE ENERGÉTICA:
Perigosa, rígida, teimosa, agressiva, explosiva, triste, pessimista, amargurada, revoltada e insatisfeita.

REGE:
A dor emocional, a agressividade, a tristeza, a ira, a falta de perdão, a mágoa e a revolta e/ou a baixa autoestima, falta de amor próprio e ao próximo.

O EXCESSO CAUSA (ASPECTO NEGATIVO):
Desenvolvimento e aprendizado através da dor, da rejeição, da solidão, desenvolvendo conhecimentos emocionais interiores, através da conexão com caminhos afastados do amor, mas que levarão a um aprendizado através da dor.

ADOECIMENTO:
Cardiopatias, doenças renais, hepáticas e gástricas.

ESFERA DE LIGAÇÃO COM:
Terroristas, e autodestruição e destruição.

Obs.: esse é o núcleo oposto da lua.

A Guardiã das Sombras

"E ela lambia seu próprio veneno que escorria,
seu corpo se contorcia
para atacar a desejada presa que logo ali estaria
Aqui é a moradia, nesta caverna escura e fria,
é a moradia, daquela que inveja, Espera e vigia..."

SIGNIFICADO:
Ataque premeditado, inimigo à espreita, inveja, traição, frieza, vingança, ciúme, falsidade e sentimentos velados.

PERSONALIDADE ENERGÉTICA:
Traidora, vingativa, falsa, introvertida, silenciosa, maquiavélica, quieta e observadora.

REGE:
O ataque calculado, inesperado pela vítima. Ingratidão, já que a pessoa não reconhece o que tem, desejando e invejando o que é do outro.

O EXCESSO CAUSA (ASPECTO NEGATIVO):
O desenvolvimento da paciência, do saber esperar, observar e vigiar, a fim de atingir seu objetivo.

ESFERA DE LIGAÇÃO COM:
O ocultismo no aspecto negativo, com pessoas que usam conhecimentos espirituais e a energia própria para manipular situações, fazendo mal a outros, visando apenas ao seu interesse. Qualquer pessoa pode vibrar essa energia, independente do segmento religioso, pois qualquer magia só acontece com os desejos da mente, do coração e com ações na intenção de atingir um objetivo que nesse caso são os piores, são ocultos, silenciosos, mas de forte influência.

ADOECIMENTO:
Câncer de uma forma geral, e todas as doenças que se desenvolvem silenciosa e rapidamente.

OBS.: muitas vezes revela a própria energia do consulente, que cria armadilhas de forma inconsciente, contra ele mesmo, sem perceber, permitindo situações prejudiciais a ele e até a outros, pois essa energia age em silêncio, com sentimentos velados, por ser uma energia menos explícita, pode existir sem que a pessoa perceba, essa é a face sombra oposta do Deus Pai dos Sóis. Esta carta, acompanhada da carta O Anjo Negro, pode significar câncer, se o assunto questionado na consulta for saúde.

Esclarecimento Sobre a Carta 5 "O Anjo Negro" e a Carta 6 "A Guardiã das Sombras"

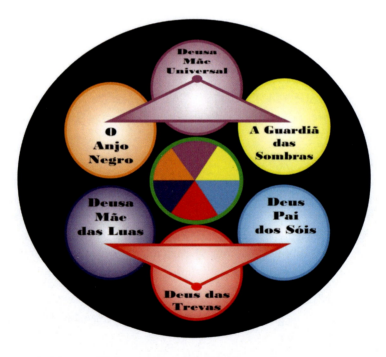

Obs.: período que o Universo esta no estágio de um feto.

ESCLARECIMENTO:
Nessa era vibrou em todo universo a energia da pirâmide, no futuro ela se tornaria o 4º símbolo sagrado, reconhecido pelas primeiras civilizações.

Ao nascerem, por instinto, são acolhidos junto a grande mãe por um tempo para serem melhor cuidados e desenvolvidos, e pelas forças opostas de seus irmãos lua e sol, começa a ser gerado entre esses núcleos, no centro do corpo do universo, o 1º núcleo inteligente, assim se inicia a organização energética universal de forma inteligente, e as energias mais rústicas, expandidas e explosivas são as primeiras a serem trabalhadas, dessa forma a vibração energética dos sons (nota musical) e das cores dos núcleos inicia um grande desenvolvimento, e a energia do DEUS das trevas é a 1ª a ser trabalhada, seguidamente do núcleo do anjo negro, e logo após a guardiã das sombras; sendo assim a ordem energética das estrelas dimensionais a serem desenvolvidas é a seguinte: 1ª dimensão regida pelo deus das trevas, pela cor vermelha e pela nota musical **DÓ**; 2ª dimensão regida pelo anjo negro, pela cor laranja e pela nota musical **RÉ**; 3ª dimensão regida pela cor amarela, pela guardiã das sombras, e pela nota musical **MI**; 4ª dimensão regida pela cor azul, pelo deus pai dos sóis, e pela nota musical **FÁ**; 5ª dimensão regida pela cor azul anil, pela nota musical **SOL**, e pela deusa mãe das luas; 6ª dimensão regida pela cor violeta, pela deusa mãe universal, e pela nota musical **LÁ**; 7ª dimensão regida pela cor verde, pela nota musical **SI**, e pela deusa mãe da inteligência.

Deusa Mãe da Inteligência

*"E o primeiro centro de equilíbrio na grande
estrela cósmica nasceu,
ali estaria concentrado
o crescimento inteligente do todo unificado,
passado, presente, futuro ali também registrados...
Ali ela marcou o caminho do meio, um dia ele por
todos será buscado.
E desta forma ela chegou, tão serena observou,
com sabedoria estudou, com todo conhecimento analisou
e dos extremos da melhor forma cuidou,
o todo ela usou, mediu, pesou, dividiu, somou, calculou e
redirecionou,
com sabedoria domou os seis gigantes núcleos,
e assim o Universo inteligente se tornou,
evoluindo e crescendo para sempre ele ficou..."*

SIGNIFICADO:
A inteligência, o aprendizado, o estudo, a sabedoria, o direcionamento intelectualizado e organizado.

PERSONALIDADE ENERGÉTICA:
Analisadora, estudiosa, calculista e organizadora.

REGE:
O desenvolvimento mental e intelectual, o equilíbrio, o racional.

O EXCESSO CAUSA (ASPECTO NEGATIVO):
Calculismo, desligamento do instinto, sentimento de superioridade mental, desligamento da interligação com o todo universal, levando apenas a busca de conhecimentos técnicos, científicos, e racionais.

ESFERA DE LIGAÇÃO COM:
Pesquisadores, logísticos, matemáticos, físicos, profissionais da área de educação.

ADOECIMENTO:
TOC (Transtorno Obsessivo Compulsivo).

Obs.: esta carta une, de maneira harmoniosa, o aspecto feminino e masculino e suas sombras opostas, geram um ponto central de equilíbrio inteligente, ponto onde no futuro irão se desenvolver todos os núcleos energéticos.

Aqui se inicia a manifestação do soberano e inteligente núcleo central, de onde tudo renascerá sempre de forma mais equilibrada e mais evoluída, chamaremos esse centro de "O CAMINHO - Carta 62", nele estará sempre sendo gerado um novo núcleo. A Deusa Mãe da Inteligência é o primeiro núcleo nascido neste soberano centro energético.

Estrela dimensional nº I

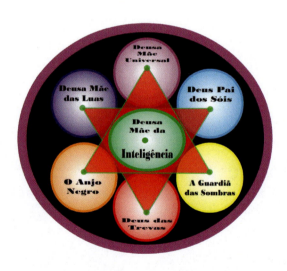

Obs.: nesta fase, o Universo está no estágio da criança que acabou de sair do ventre de sua mãe, ou seja, da criança que acaba de nascer, aqui também nasceu o 5º sinal sagrado, que é a estrela de seis pontas, que num futuro muito distante será reconhecido pelas primeiras civilizações.

A estrela de número um, quando se forma, representa a fase na qual já aconteceu em um tempo muito remoto a fecundação energética da Grande Mãe; é a primeira manifestação do gigantesco e infinito corpo de crescimento formado. Simboliza o estado rústico e bruto de infinito potencial energético ainda sem esclarecimentos, porém já se preparando para o processo de desenvolvimento, uma vez que os polos de energias opostas desse corpo passam a gerar o primeiro centro energético de equilíbrio, ou seja, o primeiro núcleo cósmico inteligente; esse é o ponto onde se inicia o caminho do processo de desenvolvimento para grandes mutações inteligentes.

É neste ponto que estará para sempre registrado o passado, presente e futuro onde a inteligência reinará com o poder de transmutar todas as formas de energias existentes que serão sempre reconhecidas, filtradas, redirecionadas e aproveitadas dentro de sua real importância para o universo. Nessa era ainda não há vidas materiais que possam ser reconhecidas pela nossa visão humana, apenas esferas de energias densas e de incalculáveis forças e poder ainda não dirigidos, mas começando a serem reconhecidos pela inteligência cósmica.

Esta primeira dimensão é representada aqui pelas cartas de nº 1, nº 2, nº 3, nº 4, nº 5, nº 6 e o seu centro inteligente é representado pela carta de número 7 (Deusa Mãe da Inteligência), representa o caminho do desenvolvimento equilibrado, aqui se inicia a vibração das sete cores cromoterápicas: **vermelha, laranja, amarela, azul, azul anil, violeta, verde,** com suas vibrações sonoras das sete notas musicais: **dó, ré, mi, fá sol, lá, si,** com suas determinadas vibrações energéticas. Com estas diferentes classificações, as energias poderão ser calculadas, ativadas, filtradas, trabalhadas e misturadas para o desenvolvimento da criação equilibrada, nesta era a cor regente dimensional que vibra no universo é o vermelho que rege o chacra básico com a nota musical "**DÓ**".

Obs.: aqui o corpo universal primitivo e energético conclui sua formação com a chegada da primeira esfera inteligente, que nasce em seu grande centro, e assim o Universo fica pronto para seu infinito desenvolvimento.

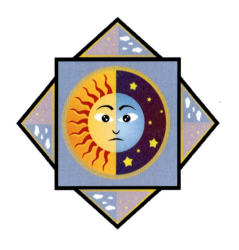

CAPÍTULO 11

Formação da Segunda Estrela Universal:
Segunda Dimensão

Formação da 2ª Estrela

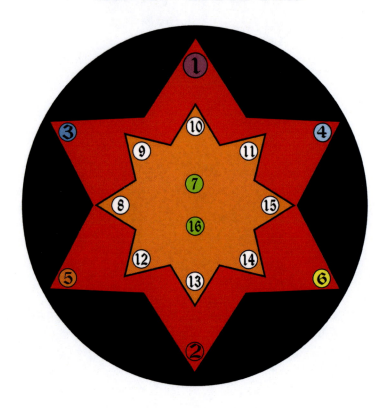

Nesta fase, no centro da primeira estrela universal (dimensional) de sete núcleos, ou seja, no centro da primeira dimensão, nascem quatro núcleos energéticos, aqui representados pelas cartas de tarô nº 8, nº 9, nº 10, nº 11, seguidamente de suas sombras opostas de nº 12, nº 13, nº 14, nº 15. Assim surge a segunda estrela universal que é a segunda dimensão. Nessa nova estrela, agora de oito pontas, é plasmado e firmado o crescimento infinito do universo, e em seu gigantesco centro é gerado e nasce o segundo maior núcleo inteligente universal, aqui representado pela carta de tarô nº 16 (Deusa Mãe da Alquimia), que representa a clareza de consciência da existência de dois polos de vibrações opostas e de extrema importância para o equilíbrio universal, assim o poder da força de dirigir com inteligência todos os extremos começa a agir para alcançar o objetivo desejado, ou seja, a ação age conectada com a intenção. Esta é a energia da carta nº16, ela registrará para sempre no universo a ação que irá gerar uma reação para o desenvolvimento inteligente, nessa era o universo está no estágio da criança que toma consciência do tamanho do seu poder de ação, aprende a andar, falar, pedir alimentos, misturar ou separar, e começa a usar suas mãos para realizar seus desejos.

A vida primitiva começa ser projetada energeticamente e seres ancestrais primitivos começam uma existência física para evoluir no futuro e desabrochar em muitos núcleos e de diversas formas. Aqui a vibração dimensional rege a cor laranja, a nota musical que vibra no universo é "RÉ", regendo também o chacra umbilical; a inteligência universal está em ação, separando e unindo os elementos necessários para alcançar os objetivos que levaram a um maior equilíbrio de desenvolvimento. Neste estágio, o corpo universal está formado por dezesseis núcleos, já que os sete primeiros núcleos que nasceram na primeira dimensão ficarão vibrando para sempre suas energias, nada no Universo acaba ou morre apenas se transforma na evolução.

Obs.: nesta era o Universo está no estágio da criança, tomando consciência do tamanho do seu poder, e o símbolo do infinito é aqui marcado pelo nº **8** que no futuro será o 6º sinal sagrado reconhecido pelas civilizações antigas.

Deus do Fogo

*"E assim ele nasceu transmutado na mais iluminada luz, a
escuridão e o frio ele venceu...
O brilho, a inteligência e a consciência soberana, da divina coroa
sagrada, também nele renasceu,
o trabalho contínuo de purificação e renovação, eternamente será seu...
E nele sempre estarão os projetos da energia sagrada, aqui
programada, purificada e transformada, desta forma, a vida
sempre por ele será renovada..."*

SIGNIFICADO:
Poder inteligente, soberano, de projetar o nascimento de algo, poder de transmutação, poder de desintegração, poder do renascimento das cinzas, poder de redirecionamento energético e de criação.

PERSONALIDADE ENERGÉTICA:
Transmutadora, transformadora, renovadora, líder, criativa, inteligente, iluminada, estudiosa e contagiante.

REGE:
A purificação para o nascimento, novos caminhos, renascimento inteligente, desenvolvimento equilibrado e os novos projetos.

EXCESSO CAUSA (ASPECTO NEGATIVO):
Incapacidade de realização de projetos magníficos, ou seja, planejamentos que ficam apenas no papel.

ESFERA ENERGÉTICA DE LIGAÇÃO COM:
Cientistas, projetistas, inventores e grandes gênios.

OBS.: aqui é o reino da Fênix.

ADOECIMENTO:
Fogo selvagem (pênfigo), calores da menopausa.

Deus do Ar

"O sagrado ar da vida ela para sempre soprará
assim em todos os seus filhos manifestada estará...
Dos seus lábios sempre nascerá o vento, grande Anjo irmão
mensageiro que em tudo ajudará,
e o grande Deus, dono dos ventos,
libertado estará...
Assim, a vida, alimentada pela energia sagrada,
eternamente ficará..."

SIGNIFICADO:
Liberdade, força para alcançar o desejado, com ação sábia, retirando bloqueios e estagnação de energias nocivas. Manifestação energética movimentando e nutrindo a energia vital para o desenvolvimento equilibrado.

PERSONALIDADE ENERGÉTICA:
Independente, livre, forte, inteligente, intuitiva, ativa, comunicativa, autêntica, transformadora, equilibrada e moderna.

REGE:
A comunicação, inclusive através da energia mental, novidades, mudanças, movimento e a energia que alimenta a vida em ação.

O EXCESSO CAUSA (ASPECTO NEGATIVO):
Falta de raiz e do concreto, incapacidade de viver a realidade física, vivência mental em outra dimensão.

ESFERA ENERGÉTICA DE LIGAÇÃO COM:
A comunicação, jornalismo e contatos.

ADOECIMENTO:
Doenças respiratórias e doenças pulmonares.

Deusa das Águas

"De suas lágrimas nasceu a água, fruto de sua emoção, pois com gratidão admirava todo encanto e beleza que em seu coração existia... E eternamente ela cantaria, e com a magia do amor seu poder absoluto reinaria..."

SIGNIFICADO:
Amor, purificação, limpeza energética, beleza, encanto, alegria, energia inteligente fluindo e se redirecionando naturalmente .

PERSONALIDADE ENERGÉTICA:
Sensível, acolhedora, cuidadora, carinhosa, inteligente, protetora, amorosa, feminina, atenciosa, maternal, intuitiva, sedutora, envolvente e vibrando magia.

REGE:
A emoção, a alegria, a beleza, a saúde, a juventude, o acolhimento, o encanto e, principalmente, o amor maternal.

O EXCESSO CAUSA (ASPECTO NEGATIVO):
Aflorada sensibilidade, gerando descontrole emocional, a conexão com sofrimentos, mágoas e a baixa autoestima.

ESFERA DE LIGAÇÃO COM:
Terapeutas e psicólogos.

ADOECIMENTO:
Nas mamas e todos os órgãos do ventre feminino.

Deusa das Terras

"De seus desejos nasceu a terra, sua perfeita manifestação,
grande mãe majestosa, divina força em ação,
ela é a dona dos prazeres, do gosto, da realização,
também é dona da beleza, dona da alegria e da multiplicação,
dona da paixão e do encanto, dona do amor em forma de sedução,
ela é a feiticeira que cura, que nos conduz à outra elevação."

SIGNIFICADO:
Materialização dos desejos do mundo, prosperidade, sexo, realização dos prazeres físicos, multiplicação material, fecundação e fertilidade.

PERSONALIDADE ENERGÉTICA:
Realizadora, próspera, positiva, provedora, empreendedora, sedutora, envolvente, materialista, inteligente e acolhedora.

REGE:
A materialização e o aprendizado com experiências físicas, elevando a energia espiritual.

EXCESSO CAUSA (ASPECTO NEGATIVO):
Materialismo com frieza de sentimentos, excessos materiais, bloqueio do crescimento espiritual.

ESFERA DE LIGAÇÃO COM:
Agrônomos, biólogos e geólogos.

ADOECIMENTO:
Gula, desequilíbrio alimentar, gerando obesidade ou a desarmonia do metabolismo.

Senhora da Estagnação

"Quase não se percebeu
o momento em que ela nasceu,
parado tudo ficou e ela assim permaneceu...
Via e ouvia, mas nada sentia, nada fazia,
imóvel, inerte não agia...
Insignificante como o nada,
assim então ela seria..."

SIGNIFICADO:
Desânimo, falta de ação, impossibilidade de agir, prisão, opressão, dependência, insegurança e medo.

PERSONALIDADE ENERGÉTICA:
Oprimida, despercebida, quieta, desestimulada, insignificante, dependente, insegura e inerte.

REGE:
Incapacidade, paralisação, medo, dependência dos outros.

O EXCESSO CAUSA (ASPECTO NEGATIVO):
Interiorização, acúmulo energético, reconhecimento da energia interior, podendo culminar com explosão, e assim, abrir o portal da ação.

ESFERA DE LIGAÇÃO COM:
Carcereiros e presidiários.

ADOECIMENTO:
Coma, tetraplegia.

Obs.: aqui neste núcleo é reconhecida, com consciência, a energia sombra paralisadora que existia agindo no corpo universal primitivo, antes da 1ª manifestação divina.

Senhora do Destino

"E então ela chegará, do reino das sombras e assustará,
misteriosa, temida, invencível ela sempre será,
pois já está marcado dia e hora de a encontrar...
Num encontro fatal, inevitável, assim, ela se apresentará,
tirando-nos de maiores dores, nos braços dela vamos estar,
a um núcleo bem melhor ela então nos levará,
com gratidão um dia vamos a face dela beijar,
e enfim compreendida ela então estará...."

SIGNIFICADO:
A morte do corpo físico, fim de ciclo, a necessidade de um fim para que haja um recomeço.

PERSONALIDADE ENERGÉTICA:
Misteriosa, temida, vigilante, observadora, forte, inflexível e resgatadora.

REGE:
A morte e o fim de ciclo.

O EXCESSO CAUSA (ASPECTO NEGATIVO):
Desenvolve o conhecimento do fim para uma renovação, o poder do renascimento e o reconhecimento do poder divino soberano.

ESFERA DE LIGAÇÃO COM:
Coveiros, necropsistas, legistas.

ADOECIMENTOS:
Essa esfera tem ligação com todas as doenças e todos os tipos de fatos que causam a morte, acidentes, incidentes, etc.

Senhor das Catástrofes

"Em uma explosão de ódio e rancor ele chegou,
seus sons são gemidos de terror...
Sem anunciar sua ira ele se libertou,
e o caos ele gerou,
violentamente tudo se modificou..."

SIGNIFICADO:
Violência inesperada, brigas, tumultos, acidentes, tragédias, catástrofes, destruição e perdas.

PERSONALIDADE ENERGÉTICA:
Forte, temida, incontrolável, explosiva e bruta.

REGE:
Desequilíbrios, brigas, tragédias e destruição.

O EXCESSO CAUSA (ASPECTO NEGATIVO):
Desgaste energético, perdas que levam à dor, ao sofrimento, e a um redirecionamento e recomeço, muitas vezes, do nada.

ESFERA DE LIGAÇÃO COM:
Assassinos, guerra, acidentes e destruições da natureza (profissionais demolidores, médicos abortistas).

ADOECIMENTO:
Transtorno bipolar (maníaco-depressivo), surtos em geral.

Senhor dos Vícios

"E ele também chegou, sem raciocinar,
por instinto se jogar,
sem medir e sem pensar,
repetidamente assim ele permaneceu,
esvaindo toda energia contida no seu eu,
e tudo, tudo mesmo se perdeu...
o prazer já não era mais seu,
e nem ele mesmo se reconheceu,
pois do veneno ele bebeu..."

SIGNIFICADO:
Vícios, desleixos, relaxamentos, comportamentos negativos rotineiros, maus hábitos comportamentais.

PERSONALIDADE ENERGÉTICA:
Enfraquecida, acomodada, dependente, manipulada.

REGE:
A falta de amor próprio e com o todo que é interligado.

O EXCESSO CAUSA (ASPECTO NEGATIVO):
Após uma fase de experiência chegada ao excesso do aspecto negativo, poderá ocorrer o desenvolvimento da reflexão da valorização da sanidade mental, da saúde física e do equilíbrio.

ESFERA DE LIGAÇÃO COM:
Mendigos e pedintes.

ADOECIMENTO:
Adictos, alcoólatras, vícios em geral.

Obs.: essa é uma esfera de grande força nociva, pois com facilidade abre portais para outras esferas ainda menos evoluídas, com ligação a roubo, violência, prostituição, etc.

Deusa Mãe da Alquimia

"E a grande mãe em ação se colocou,
e a seus filhos vislumbrou,
a todos eles, ela amou, cuidou, alimentou...
O tempero era de todos, e a todos ela agradou,
e então o alimento sagrado preparou...
Nutrindo e transformando todo universo, assim continuou...
Cada filho em seu lugar, unidos pelo seu primor,
e eles cresceram fortes, sábios, vibrando o equilíbrio, a paz e o
amor."

SIGNIFICADO:
Energia inteligente em ação, interligada com o todo universal, vibrando o desenvolvimento e o equilíbrio, ou a ação gerando reação para concretizar, materializar algo desejado.

PERSONALIDADE ENERGÉTICA:
Contagiante, misteriosa, inteligente, ativa, revolucionária, incomum, criativa, intuitiva, realizadora, transformadora, vibrando força e poder.

REGE:
A energia da sabedoria em ação, na intenção de alcançar algo novo ou um objetivo, usando e unindo recursos necessários existentes.

O EXCESSO CAUSA (ASPECTO NEGATIVO):
Desgaste mental, levando à incapacidade de viver com naturalidade e realidade, exageros de manipulação, gerando desequilíbrio, como trabalho em excesso, sem respeito às limitações.

ADOECIMENTO:
Desequilíbrios mentais e doenças psiquiátricas.

ESFERA DE LIGAÇÃO COM:
Farmacêuticos, curandeiros, químicos, cientistas, cozinheiros e bruxos.

OBS: frase da carta: *"Eu posso... Eu faço... Eu realizo..."*

CAPÍTULO III

Formação da Terceira Estrela Universal: Terceira Dimensão

Formação da 3ª Estrela

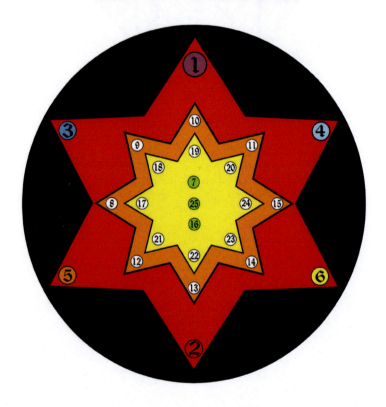

Obs.: nesta era, o Universo está no estágio da puberdade.

Os quatro primeiros núcleos, que na terceira estrela se formam, são representados aqui pelas cartas de tarô de nº 17, nº 18, nº 19, nº 20 seguidamente de seus núcleos opostos/sombras, representadas aqui pelas cartas de nº 21, nº 22, nº 23, nº 24 e logo no centro dessa terceira estrela nasce o terceiro maior núcleo de inteligência representado pela carta do tarô nº 25 (DEUS DA TERRA) e assim, para sempre, a manifestação da vida inteligente individualizada e equilibrada no universo por esse núcleo será materializada e eternizada para o desenvolvimento sagrado universal.

Nesta fase, a manifestação da força divina criadora começa a agir no desenvolvimento da fertilização da individualidade em alguns seres, formando assim também as características próprias de cada ser com suas funções determinadas em ação, gerando movimentação, ativando com mais agilidade o desenvolvimento inteligente do todo universal, interligado pela nutrição da energia sagrada da criação. Nesta era, vibra na terceira estrela dimensional a energia da cor amarela, e a energia da nota musical "MI" (rege o chacra plexo solar) expande e fortalece o equilíbrio da vida, materializando a luz da consciência criadora ligada à imortalidade, à fé, fertilizando a percepção, a intelectualidade, o impulso e a intuição de autoproteção, a valorização do apoio e união com o outro, para que dessa forma se atinja o melhor objetivo de forma mais rápida, aqui é onde se inicia a individualização do homem com alma, e agora com espírito individualizado, é a energia inteligente divina em ação.

54

Mãe das Fadas

"Bela e suave transmutada em cores,
Lá estava ela voando, pousando em todas as flores,
olhando do alto o chão onde antes rastejava
e admirava com paixão, o suave vento que por onde passava,
livre dançava e ela muito desejava
e logo se viu presenteada com asas sagradas,
e mais bela se tornou encantada
também ficou transmutando tudo o que tocava,
e assim o que ela desejava, realidade se tornava."

SIGNIFICADO:
Poder mental de realizar transmutações, poder de recriação, de superação, de transformação, com foco na beleza e inovação.

PERSONALIDADE ENERGÉTICA:
Sonhadora, extrovertida, incomum, extravagante, criativa, transformadora, sensual, sensível, amorosa e inovadora.

REGE:
O reconhecimento do poder mental de transformação e criação.

O EXCESSO CAUSA (ASPECTO NEGATIVO):
Falta de coragem de viver a realidade, rejeição própria, carência afetiva, inconsequência pela ânsia de viver fantasias, entrando na energia da competição invejosa.

ESFERA DE LIGAÇÃO COM:
Estilistas, decoradores, arquitetos, profissionais da área de estética e beleza.

ADOECIMENTO:
Autodestruição consciente ou não e HIV.

Obs.: esfera energética de forte ligação com homossexuais.

Mãe da Vida

"E no seu ventre ela gestava a vida sagrada por ela gerada.
Protegida e guardada em suas divinas mãos a vida estava,
e a energia universal transmutada,
crescendo, crescendo organizada,
por ela para sempre continuava."

SIGNIFICADO:
Gravidez, renovação, recomeço, novas oportunidades, renovação de energias e saúde.

PERSONALIDADE ENERGÉTICA:
Esperançosa, maternal, atenciosa, renovadora, acolhedora, amorosa, dedicada, integrada, ativa, sábia, protetora.

REGE:
A esperança, a gravidez, a vida, a saúde, a renovação e os recomeços.

EXCESSO CAUSA (ASPECTO NEGATIVO):
Desgaste físico, mental e emocional por tantos seguidos recomeços, desânimo, cansaço.

ADOECIMENTO:
Anemia, apendicite, desmaios, fadigas, enxaquecas.

ESFERA ENERGÉTICA DE LIGAÇÃO COM:
Biólogos, obstetras, parteiras e profissionais da área de reprodução.

Mãe da Inocência

"E lá estava, a alegria e o encanto que ela buscava
infinitas possibilidades a ela ofertadas,
o futuro radiante a encantava,
com todas as cores e flores ela brincava,
e seguia as borboletas que ali encontrava,
ela brincava, brincava pelo caminho que a esperava."

SIGNIFICADO:
Inocência, alegria, esperança, pureza, confiança no futuro e abertura de possibilidades para crescer e aprender.

PERSONALIDADE ENERGÉTICA:
Alegre, esperançosa, pura e brincalhona.

REGE:
A inocência, alegria, infância, a energia e as possibilidades de crescimento.

EXCESSO CAUSA (ASPECTO NEGATIVO):
Infantilidade, inexperiência, dependência, ingenuidade, teimosia, tornando--se presa fácil que caminha para a condição de vítima.

ADOECIMENTO:
Relacionado aos ouvidos, como surdez, otite, etc.

ESFERA ENERGÉTICA DE LIGAÇÃO COM:
Crianças, ou profissionais que lidem com elas, como recreadores, palhaços e comediantes.

Obs.: também pode significar "tempo curto".

Mãe do Ouro

"E para dentro do seu grande mar mergulhou,
e enfim enxergou o valioso infinito que herdou,
o tesouro iluminado ficou
e dele ela cuidou,
estonteada com tamanha grandeza para sempre ela ficou,
e então reconheceu que usando sabedoria
multiplicaria tudo que a ela pertencia."

SIGNIFICADO:
Fortunas ou heranças recebidas ou a receber, ganhos inesperados, boa sorte em jogos, também se refere a uma pessoa especial, rara, de valor precioso, ou algo muito importante.

PERSONALIDADE ENERGÉTICA:
Encantadora, pessoa com muitas qualidades e especialmente preciosa, pessoa de boa sorte.

REGE:
As fortunas, os bens materiais, e também o reconhecimento de valores interiores e especiais de uma pessoa.

O EXCESSO CAUSA (ASPECTO NEGATIVO):
Deslumbre, orgulho, sentimento de superioridade, desligamento do desenvolvimento espiritual, materialismo exagerado, mau uso dos bens, gastos exagerados e extravagantes, gerando grandes perdas.

ADOECIMENTO:
Diabetes.

ESFERA ENERGÉTICA DE LIGAÇÃO COM:
Herdeiros, sucessores de grandes e bem sucedidos empresários, pessoas com muitos bens e fortunas.

Senhor da Solidão

Ele então se recolheu, de todos se escondeu, ali sozinho ficou,
pensou, pensou e pensou, muito ele aprendeu com as tristezas do
seu eu. Por muito tempo assim permaneceu, e enfim acreditou,
a tempestade passou, e ele se levantou, e forte se ergueu vencendo
todas as tristezas contidas no seu eu.

SIGNIFICADO:
Necessidade de recolhimento e solidão, momentos difíceis a superar, tristezas passageiras e necessárias ao aprendizado e interiorização.

PERSONALIDADE ENERGÉTICA:
Triste, só, quieta, depressiva e pensativa.

REGE:
A introspecção necessária, ou as tristezas e ainda o desenvolvimento do conhecimento interior, momento necessário de reclusão.

O EXCESSO CAUSA (ASPECTO NEGATIVO):
Após período de extrema reflexão devido à solidão, tristeza e muita necessidade de conhecimento interior, há uma possibilidade de superação.

ADOECIMENTO:
Depressão, coceiras, urticária, alergia.

ESFERA ENERGÉTICA DE LIGAÇÃO COM:
Profissionais da solidão, por exemplo, faroleiros, escritores, etc.

Obs.: ligação com pessoas excluídas ou preocupadas, deprimidas e até suicidas, dependendo das outras cartas que acompanham.

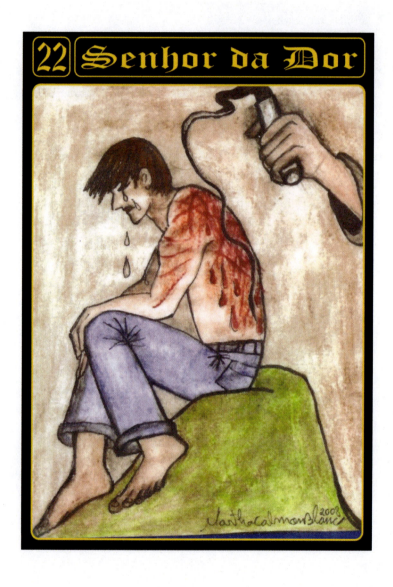

Senhor da Dor

"Ele nada fazia, não reagia, não saía
da frente do chicote que o cortava e ardia,
sua lágrima de sangue escorria,
era forte a dor que sofria,
mas ele sabia que se quisesse conseguiria
sair dali de onde ele tanto sofria,
e lá no inconsciente ele achava que merecia
toda dor que sentia,
mas a todos ele queria
mostrar o quanto ele sofria."

SIGNIFICADO:
Incapacidade de vivenciar as oportunidades de ser feliz, incapacidade de aprender, de crescer e de realizar, atraindo cada vez mais bloqueios, dores, doenças e infelicidades.

PERSONALIDADE ENERGÉTICA:
A vítima, a sofredora.

REGE:
O sofrimento desnecessário, ou seja, o sofrimento que é atraído pela própria pessoa.

O EXCESSO CAUSA (ASPECTO NEGATIVO):
Exclusão, solidão levando à reflexão e ao reconhecimento do poder da escolha.

ADOECIMENTO:
Hipocondria.

ESFERA ENERGÉTICA DE LIGAÇÃO COM:
Torturadores, sadomasoquistas, dor e o suicídio consciente ou não.

Senhora da Displicência

"Contente ela levava toda colheita do merecimento que ela plantava, encantada ela estava com o perfume dos frutos que nos seus braços levava, confiante ela seguia e não percebia aquele que ali a espreitava, interessado nos frutos que dela os tirava."

SIGNIFICADO:
Perdas, assaltos, roubos, bens importantes levados por outros que não estão sendo notados e boas oportunidades merecidas são retiradas, também pode significar afetos manipulados e roubados.

PERSONALIDADE ENERGÉTICA:
Desatenta, pura e ingênua.

REGE:
Perdas e roubos

O EXCESSO CAUSA (ASPECTO NEGATIVO):
Com o sofrimento dos aspectos negativos, estes tendem levar ao desenvolvimento da atenção e da astúcia.

ADOECIMENTO:
Gripes, resfriados; viroses.

ESFERA ENERGÉTICA DE LIGAÇÃO COM:
Ladrões, assaltantes e oportunistas.

Senhora Vampira

"E na escuridão da noite silenciosamente ela chegou
suavemente a tocou,
e bem devagar sugou, sugou
toda energia que nela encontrou,
quando ela notou, tudo secou
tudo se acabou."

SIGNIFICADO:

A vampirização, o adoecimento, o enfraquecimento ou contato com pessoas oportunistas e interesseiras que sugam a energia do próximo, perda de energia vital, pode também significar o autovampirismo inconsciente.

PERSONALIDADE ENERGÉTICA:

Invejosa, interesseira, falsa, oportunista, negativa.

REGE:

As doenças, o desânimo e perdas de energias físicas, mental e espiritual ou perdas de algum bem para outros que agem em sigilo.

O EXCESSO CAUSA (ASPECTO NEGATIVO):

Grandes perdas, adoecimento, ou até mesmo a morte ou fim de ciclo se for acompanhada da "Carta 13-Senhora do Destino", dependendo do assunto pode levar ao recomeço a partir do nada.

ESFÉRA ENERGÉTICA DE LIGAÇÃO COM:

Agiotas e oportunistas.

ADOECIMENTOS:

Hemorragias, verminoses, parasitoses.

Deus da Terra

"E a sagrada energia divina em total plenitude aqui se manifestou,
toda beleza e encanto aqui se realizou
e a essência da magia da vida o paraíso criou,
regido pela mais linda sinfonia,
semeou aqui a harmonia,
a cura , o amor, a beleza, a vida e a alegria.
Semeou, aqui o encanto sagrado da natureza plena de sabedoria."

SIGNIFICADO:
A plenitude do equilíbrio e do desenvolvimento sendo semeado e plasmado pelo universo em sua mais perfeita harmonia.

REGE:
A fecundação, a materialização e o equilíbrio da energia vital nutridora divina em manifestação na natureza e na realização material de forma equilibrada.

PERSONALIDADE ENERGÉTICA:
Transformadora, misteriosa, colaboradora, equilibrada, sábia, curadora, criativa, sensível, amável, integrada, sonhadora, ativa, acolhedora e realizadora.

O EXCESSO CAUSA (ASPECTO NEGATIVO):
Vivência em uma realidade criada, fantasia, fuga, solidão.

ADOECIMENTO:
Nos pés, pernas, joelhos.

ESFERA ENERGÉTICA DE LIGAÇÃO COM:
Médicos naturalistas, curandeiros, paisagistas, jardineiros, agricultores, ambientalistas, etc.

Obs.: no jogo que busca respostas relacionadas à saúde pode significar o remédio, ou o médico certo, ou a solução. E no amor, o encontro para o desenvolvimento e a materialização necessária.

CAPÍTULO IV

Formação da Quarta Estrela Universal:
Quarta Dimensão

Formação da 4ª Estrela

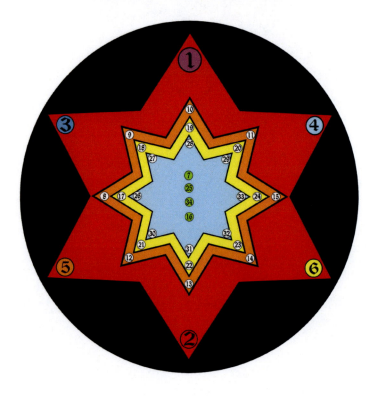

75

Obs.: nesta era o Universo está no estágio da adolescência.

E assim nasce a quarta estrela universal (a terceira estrela de oito pontas, a quarta dimensão). Seus núcleos aqui são representados pelas cartas de nº 26, nº 27, nº 28 e nº 29, seguidamente de suas sombras de nº 30, nº 31, nº 32, nº 33, esta era representa a elevação espiritual universal, representa também o elo sagrado com a energia divina sendo desenvolvida no intelecto coletivo, a consciência do poder de buscar e trazer do imaginário (mental) o desejado, o perfeito e o belo para materializá-lo, realizá-lo.

Representa, principalmente, o momento da grande conexão da mente com a emoção, desenvolvendo uma comunicação mais harmoniosa e poética com uma visão mais clara e sensível, dessa forma inicia uma filosofia de maior compreensão ao amor, à liberdade, à paz, e à tranquilidade, marcando assim o nascimento do aprendizado de uma consciência de mais respeito e valorização às diferenças contidas no todo universal, vibrando assim, com mais clareza, a energia da justiça.

E no centro dessa quarta dimensão de oito pontas, nasce o núcleo representado aqui pela carta de tarô nº34 (Deus da arte), núcleo este que estará registrando um redirecionamento espiritual, mental, emocional e físico, trazendo o poder da autocura; e uma consciência inteligente de evolução é ativada. Nessa dimensão, antigos e novos grandes ensinamentos vibram em todos os universos, o poder da arte começa a se desenvolver e a se fortalecer, caminhando para uma grande transformação no futuro que levará o universo para um nível ainda maior de evolução. Vibra nesta era em toda dimensão a energia da cor azul que rege o chacra laríngeo (rege também a nota musical "FÁ"). Obs.: e assim uma melhor forma de comunicação entre tudo e todos os seres começa a ser desenvolvida.

Pai do Céu

"E então o grande espírito se expandiu, se multiplicou e assim se
individualizou seguindo para o grande aprendizado ele cresceria e
se renovaria,
então tudo mudou, sua inteligência trabalharia
interligada com o todo e desta forma ajudaria
no equilíbrio universal que sempre se desenvolveria,
viajando por vários núcleos obstáculos venceria
e um dia pela justiça divina ao lado do pai e da mãe reinaria
e tudo o que fosse plantado era o que exatamente colheria."

SIGNIFICADO:
A justiça é feita de acordo com o merecimento próprio.

REGE:
As leis espirituais que refletem nas leis da terra.

PERSONALIDADE ENERGÉTICA:
Firme, equilibrada, justa, sábia, analítica, segura, forte, determinada, protetora, inteligente, conservadora, correta.

O EXCESSO CAUSA (ASPECTO NEGATIVO):
Frieza, inflexibilidade, incompreensão e exigência com o outro e com visão distorcida de ser dono da verdade que o leva a ser excluído, e através da dor, da solidão desenvolve a sensibilidade. Obs.: a face sombra deste núcleo pode também reger os que fazem justiça com as próprias mãos, ou seja, com os justiceiros.

ADOECIMENTO:
Qualquer um ligado aos enrijecimentos musculares, articulares ou a arteriosclerose.

ESFERA ENERGÉTICA DE LIGAÇÃO COM:
Juízes, promotores e advogados.

Pai da Terra

"E a imensidão do mundo o recebeu,
e ele sem medo a venceu, conheceu, aprendeu e cresceu
e assim ele continuou, desvendou mistérios e amigos conheceu,
desbravou mares, desertos e florestas.
Foi assim que a natureza o envolveu
e ele junto a ela muito aprendeu,
a ouviu, a sentiu e a entendeu
e, sabiamente, por instinto agradeceu
a terra sagrada que com tanto encanto o acolheu."

SIGNIFICADO:
A ida para outro lugar, a viagem, a nova experiência para um aprendizado ou um passeio.

PERSONALIDADE ENERGÉTICA:
Desbravadora, livre, forte, independente, viajante, aventureira, desprendida e corajosa.

REGE:
As viagens, as aventuras e as novas experiências em um novo lugar.

O EXCESSO CAUSA (ASPECTO NEGATIVO):
A incapacidade de se fixar, de construir uma base sólida que mais tarde leva à reflexão da valorização dos laços importantes que trazem segurança.

ADOECIMENTO:
Alzheimer.

ESFERA ENERGÉTICA DE LIGAÇÃO COM:
Primatas, selvagens, índios, viajantes, praticantes de esportes, aventureiros e profissionais do turismo.

Pai do Tempo

"E ele já havia caminhado por muitos mundos já encontrados,
ele trazia a magia da sabedoria dos caminhos já trilhados,
sabia ouvir, sabia falar, sabia calar e calmamente observar,
e ele assim seguirá confiante, cumprindo sua missão,
indicando o caminho, dando sua orientação,
sua luz era de todos, e a todos ele falaria do amor que no
seu coração existia, falaria do amor que poderosamente sempre foi e
sempre seria a maior magia."

SIGINIFICADO:
A sabedoria por experiência ou pelo tempo, a luz e o conhecimento do caminho a seguir, conhecimento espiritual, a visão e a orientação necessária para o desenvolvimento equilibrado.

REGE:
A sabedoria, a experiência, o conhecimento, a humildade e o desenvolvimento espiritual.

PERSONALIDADE ENERGÉTICA:
Daquele que é sábio, sereno, pacífico, conselheiro, orientador, humilde, misterioso, amigo, amoroso, acolhedor, observador e bom ouvinte.

O EXCESSO CAUSA (ASPECTO NEGATIVO):
Leva para a energia do mártir, como Gandhi e outros. Ou pode causar sentimentos de superioridade, sentimento de dono de todas as verdades, o melhor e o mais inteligente que todos; caminha para a arrogância e para o orgulho, passando assim a ser rejeitado, dessa forma é obrigado a trabalhar a prática da humildade através de algumas provações para que volte a viver a luz.

ADOECIMENTO:
Transtornos ligados à mente e à emoção, ou derrames e paralisias.

ESFERA ENERGÉTICA DE LIGAÇÃO COM:
O guru, o guia, o mestre, o mentor, o ancião, ou espíritos muito antigos, os grandes profetas e pessoas pacificadoras, como as personalidades indicadas ao prêmio Nobel da Paz.

Obs.: pode significar também um "longo tempo".

Pai da Comunicação

*"De repente, ele chega trazendo novidade,
gerando mudanças repentinas, vibrando a evolução da
humanidade, vibrando redirecionamento para melhores
oportunidades, vibrando ensinamentos, esclarecimentos e
prosperidade notícias de uma esfera melhor e distante,
esta é sua finalidade."*

SIGNIFICADO:
Novidades, evolução, notícias, comunicação e contatos, também pode se tratar de resultados de documentações de forma positiva ou não, dependendo de outras cartas próximas.

PERSONALIDADE ENERGÉTICA:
Moderna, transformadora, comunicativa, integrada, ágil, ativa e inteligente.

REGE:
A comunicação, o novo conhecimento e as novas formas de conhecimentos e de contatos, o desenvolvimento inteligente e mais rápido; também pode significar em um relacionamento os grandes aprendizados e modernizações sendo desenvolvidos.

O EXCESSO CAUSA (ASPECTO NEGATIVO):
Incapacidade de viver o agora, o momento presente, a mente fica ligada sempre ao futuro.

ADOECIMENTO:
Ansiedade.

ESFERA ENERGÉTICA DE LIGAÇÃO COM:
A evolução tecnológica, o jornalismo, a informática, profissionais da área de comunicação de uma forma geral.

Senhor Ancestral

"E do passado ele vem trazendo tudo o que tem,
mostrando sua raiz, ele tem flores,
ele tem espinhos, tem amores, tem louvores
e quer arrancar as dores,
resolver tudo o que tem,
e por instinto sabe receber tudo o que vem,
pois seus olhos conseguem ver além..."

SIGNIFICADO:
Registros cármicos ancestrais a serem resolvidos; resgate de energias passadas. Compreensão, conhecimento e resgate de fatos ocorridos no passado.

PERSONALIDADE ENERGÉTICA:
Intuitiva, forte, firme, antiquada, corajosa, sincera, determinada, justa, às vezes, rude.

REGE:
As heranças ancestrais genéticas e espirituais, o xamanismo e o animal de poder.

O EXCESSO CAUSA (ASPECTO NEGATIVO):
Nostalgia, saudade, lembranças presas ao passado e incapacidade de viver o presente, ou pode também significar sentimento de vingança, falta de perdão.

ESFERA ENERGÉTICA DE LIGAÇÃO COM:
Arqueólogos, historiadores e geneticistas.

ADOECIMENTO:
Doenças genéticas. Obs.: ver histórico familiar.

Senhor da Ambição

"Ele ficou fascinado pelo tesouro vislumbrado...
Fascinado e enfeitiçado com seus desejos ilimitados,
ele então planejou
sua sabedoria e poder, usou
um plano, arquitetou
e a noite deserta, escura e fria ele atravessou,
do belo castelo encantado ele a retirou,
quase tudo dela ele levou,
ela nem notou, apenas a ele se entregou,
confiando em tudo que ele lhe demonstrou..."

SIGNIFICADO:
Envolvimento, sedução que pode desequilibrar energética, emocional e/ou financeiramente, gerando perdas materiais de bens ou de pessoas queridas, levando à desestrutura de forma geral. Pode simbolizar alguém que deseja e retira a pessoa amada, dependendo das cartas que acompanham e do assunto.

PERSONALIDADE ENERGÉTICA:
Ambiciosa, observadora, falsa, determinada, acolhedora, inteligentemente, dominadora, maliciosa, manipuladora, envolvente, sedutora, forte, calculista, oportunista, aproveitadora e articuladora.

REGE:
O desejo de possuir algo ou alguém de qualquer forma, a ambição, a sedução, o egoísmo e a articulação para alcançar o desejado.

O EXCESSO CAUSA (ASPECTO NEGATIVO):
Afastamento ou perda de amigos verdadeiros, solidão, reprovação do todo, descredibilidade levam ao aprendizado da importância da valorização e respeito com o todo e o amor ao próximo; assim também, desenvolvendo o reconhecimento, cuidado, valorização e proteção do que se tem.

ADOECIMENTO:
Esteatose hepática (gordura no fígado)

ESFERA DE LIGAÇÃO COM:
Bons negociadores, golpistas, proprietários de casa de jogos e jogadores viciados, e com o desejo de grandes prêmios.

Senhor do Trabalho

"Trabalhar era sua função,
sem parar para pensar, sequer em sua emoção,
movimentar essa era sua preocupação,
servir, ajudar, carregar, construir, limpar,
consertar, criar e cuidar ele não podia parar,
essa era sua obrigação e assim ele seguia usando sua energia,
tudo ele transformaria,
e por todos os lugares onde ele ia passando,
tudo bem melhor ia ficando,
ajudando em tudo que podia assim ele ia caminhando."

SIGNIFICADO:
Ttrabalho necessário realizado para alcançar um objetivo com muita luta e dedicação, pode ser também de forma pesada e desgastante, realizando, agindo, cumprindo a jornada.

PERSONALIDADE ENERGÉTICA:
Prestativa, trabalhadora, determinada, ativa, dedicada, colaboradora, humilde, forte, responsável.

REGE:
O trabalho, a força, a disposição para alcançar e realizar algo.

ESFERA DE LIGAÇÃO COM:
Trabalhadores braçais que usam força física.

O EXCESSO CAUSA (ASPECTO NEGATIVO):
Falta de cuidado e atenção consigo mesmo, uso abusivo da energia física causando desgaste, cansaço, falta de prazer e alegria na vida e sentimento de inferioridade.

ADOECIMENTO:
Esgotamento físico, danos na coluna ou membros e/ou hérnia.

Senhor Lenhador

*"Ela então o chamou,
e ele chegou forte e protetor,
bloqueios ele retirou;
Apenas o que era útil no seu caminho ficou,
dando novas oportunidades ao que ela renovou,
sua justiça ele usou,
e com seu poder, força e coragem o caminho ele liberou
e o desenvolvimento equilibrado assim continuou."*

SIGNIFICADO:
Desbloqueios dos caminhos, e a necessidade de romper com velhos conceitos, ou perdas e separações repentinas e necessárias.

PERSONALIDADE ENERGÉTICA:
Forte, decidida, justa, corajosa, ativa, protetora, prática, racional, colaboradora, integrada, analisadora, desapegada e inteligente.

REGE:
As decisões de rompimentos, divórcios, o desapego repentino, a justiça racional sendo feita, a retirada da energia antiga para a facilitação da abertura de novos portais para novos desenvolvimentos.

O EXCESSO CAUSA (ASPECTO NEGATIVO):
Frieza, rigidez, brutalidade, terrorismo e imposição.

ADOECIMENTO:
Vesícula, intestino, úlcera do duodeno, etc.

ESFERA DE LIGAÇÃO COM:
Polícias e militares de forma geral.

Obs.: pode significar morte repentina se estiver acompanhada da "Carta 13-Senhora do Destino" e outras de significado relativo a finalizações de ciclo.

Deus da Arte

"A melodia tocou e ela suspirou encantada,
com a beleza harmonizada da imensidão de cores que a
deixava deslumbrada,
a beleza aqui por ela podia ser intensificada,
ela dançava, dançava...
com o grande Deus da arte livremente brincava,
buscava com emoção o mais belo que via e sentia,
e de forma ainda mais bela a todos ela mostrava
a sinfonia universal e sagrada
que eternamente por ela poeticamente será orquestrada..."

SIGNIFACADO:
Criação, liberdade de expressão, entrega, beleza, sensibilidade, alegria, irreverência, comunicação, integração com o todo, prazer na realização e encantamento.

PERSONALIDADE ENERGÉTICA:
Sensível, criativa, inteligente, intensa, sonhadora, dramática, comunicativa, envolvente, integrada, livre, encantadora e carismática.

REGE:
As notas musicais, as cores, o drama, a criatividade, a poesia, a dança, a exteriorização, o belo, o canto, o encanto e a alegria.

O EXCESSO CAUSA (ASPECTO NEGATIVO):
Incapacidade de viver a realidade, deslumbre, exibicionismo, sentimento de superioridade, falta do concreto, ilusão e vazio.

ESFERA DE LIGAÇÃO COM:
Atores, cantores, músicos, pintores, dançarinos, artesãos, ou seja, com toda forma de expressão artística.

ADOECIMENTO:
Mental e/ou psicológico.

CAPÍTULO V

Formação da Quinta Estrela Universal:
Quinta Dimensão

Formação da 5ª Estrela

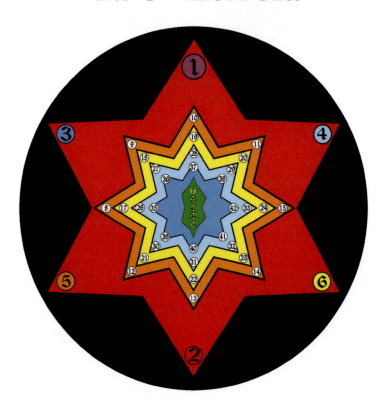

Aqui nesse estágio, vibra em todo Universo a energia da cor azul anil, que rege o chacra frontal, seus núcleos aqui são representados pelas cartas de nº 35, nº 36, nº 37, nº 38, e seguidamente de suas sombras opostas de nº 39, nº 40, nº 41, nº 42, que agora já são bem mais leves pela influência do desenvolvimento inteligente universal. Esse estágio representa o momento em que o universo começa a colher, multiplicadamente, muitas sementes transmutadas em renovadas e mais evoluídas energias, sementes que irão se iniciar dentro de um processo de uma fantástica evolução inteligente, quando, num tempo futuro, inúmeras e infinitas portas irão se abrir, e as possibilidades mais incríveis e desejadas pela energia do coletivo, dos diferentes núcleos se tornarão realidade dentro da vibração e do equilíbrio e desenvolvimento de cada núcleo. O reconhecimento do soberano poder da energia divina criadora vibra em todo universo e o sentimento de gratidão se expande, e nasce no centro desta estrela o núcleo inteligente de energia representado pela carta de nº 43 (Deusa da Gratidão). Porém em alguns núcleos, o desenvolvimento da inteligência é usado de forma desequilibrada, alimentando o poder do Eu, de modo egoísta, desligado da teia divina, desenvolvendo sentimentos de uma superioridade também egoísta, sem a valorização e o respeito com o todo universal. O sentimento do poder próprio, da vaidade, do orgulho, da ambição é colocado acima de tudo, alimentando a energia de competição, guerras e destruição; energia esta que já deveria estar transmutada, já que é parte de um passado muito remoto, mas, infelizmente, essa energia ainda continua vibrando forte no universo, e essas ações irão gerar possíveis perigosas reações que irão ser colhidas no futuro pelo coletivo de acordo com o merecimento e vibração energética de cada núcleo ou indivíduo.

Obs.: nesta era, o Universo está no estágio adulto e vibra a energia da estrela de cinco pontas, 7º símbolo sagrado, que no futuro será reconhecido pelas primeiras civilizações.

Deusa da Paixão

"Ela encantada ficou,
deslumbrada se apaixonou,
nada mais ouvia, nada mais sentia,
e assim se entregou
ao fogo que prazerosamente a inundava com seu calor.
Nada mais via, nada mais queria
e assim ela se apegou,
assim enfeitiçada ficou,
no seu corpo e coração
reinava o desejo de um vulcão,
reinava a emoção pulsante do fogo da paixão,
que nela não cabia e doía...doía, a queimava e ardia."

SIGNIFICADO:
Envolvimento com encantamento por algo ou alguém, deslumbre, apego às energias do mundo, atração sexual, sedução, desejo e paixão.

PERSONALIDADE ENERGÉTICA:
Deslumbrante, sedutora, carismática, apaixonante, envolvente, fortemente contagiante.

REGE:
A paixão, o sexo, o apego, o encantamento, o deslumbre, ou feitiço.

O EXCESSO CAUSA (ASPECTO NEGATIVO):
Desequilíbrio emocional, falta de valorização e de amor próprio, falta de controle e limites para alcançar o desejado.

ESFERA DE LIGAÇÃO COM:
Os apaixonados, os manipuladores e feiticeiros de magia negra.

ADOECIMENTO:
Obsessão por algo ou alguém.

Deusa do Amor

"E ela amou, amou... Um infinito amor,
sem fronteiras, sem correntes, que bonito amor...
Como o vento o amor soprou,
espalhou e voou livre pelo céu,
a todos encantou, tocou e emocionou com a doçura do seu mel,
levando paz e felicidade com seu poder força e magia
que impera e vence qualquer energia,
fazendo reinar assim o equilíbrio e a harmonia."

SIGNIFICADO:
Amor verdadeiro, energia da maior magia em ação, o crescimento e o aprendizado acontece com harmonia, o poder do amor transmuta positivamente.

PERSONALIDADE ENERGÉTICA:
Amorosa, acolhedora, inteligente, grata, romântica, sonhadora, generosa, sincera, forte, pacífica, livre, sensível, compreensiva, envolvente, carinhosa, integrada, caridosa, dedicada, afetiva e ativa.

REGE:
O verdadeiro amor, o amor universal, o amor incondicional desenvolvido e equilibrado, regido pela sagrada sabedoria universal.

O EXCESSO CAUSA (ASPECTO NEGATIVO):
Falta de astúcia, visão desenvolvida apenas para ver o melhor no outro, vai para a energia da ingenuidade, pureza, pode se tornar vítima de vampirização.

ESFERA DE LIÇÃO COM:
Pessoas amorosas, caridosas, envolvidas em trabalhos filantrópicos.

ADOECIMENTO:
Qualquer um de origem emocional ou cardíaco.

Deuses da União

"Agora ela sabia,
entendia que ele ao seu lado sempre estaria,
assim, a caminhada muito mais fácil seria,
ele a preenchia de muita alegria,
não mais sozinha ela ficaria,
seu cúmplice ele seria,
seu sonho realidade se tornaria,
e a compreensão aprenderiam,
desta forma cresceriam desenvolvendo a parceria
e o amor que os unia."

SIGNIFICADO:
União, casamento, sociedade e parceria.

PERSONALIDADE ENERGÉTICA:
Parceira, amiga, cúmplice, sonhadora, forte, integrada, dedicada, ativa, determinada, compreensiva e sincera.

REGE:
O reconhecimento da importância da união necessária para o melhor ser alcançado, rege também a integração para o desenvolvimento emocional, espiritual, físico e mental.

O EXCESSO CAUSA (ASPECTO NEGATIVO):
O bloqueio da individualização, a possessividade, levando para estagnação e impedimento do crescimento, aprisionamento e a dependência do outro. Gera, assim, a necessidade de liberdade, desenvolvendo a energia da separação.

Obs.: este é um dos fatos que podemos citar de Irmãos Siameses que não tiveram a compreensão da necessidade da individualização em vidas passadas, que de alguma forma viveram como parceiros fortemente apegados, ficando aprisionado um ao outro.

ESFERA ENERGÉTICA DE LIGAÇÃO:
Casais, parceiros e sócios.

ADOECIMENTO:
Sinusite, cistite, doenças renais, etc.

A Família

"Ela serena confiante relaxou, no aconchego e
equilíbrio que encontrou,
muito feliz e em paz, de todos ela naturalmente cuidou,
verdadeiramente se integrou
se deixando ser cuidada
por seus companheiros de jornada,
seu coração lhe dizia
que para sempre junto a eles ficaria,
isso era o que ela com certeza queria
e por eles tudo, tudo mesmo ela faria".

SIGNIFICADO:
O equilíbrio; a segurança e o bem estar interligados a outros por amor, afinidade ou por pacto, ideais ou compromissos.

PERSONALIDADE ENERGÉTICA:
Responsável, parceira, sábia, segura, amorosa, envolvente, sincera, dedicada, cuidadora, compreensiva, carinhosa, pacificadora, colaboradora e integrada a outros de forma participativa.

REGE:

A união familiar, física ou espiritual, ou a união de um determinado grupo por afinidade, amor ou objetivo.

O EXCESSO CAUSA (ASPECTO NEGATIVO):
Estagnação de energia no próprio grupo, gerando a paralisação do desenvolvimento, isto é, falta de interligação com outros, com o todo universal.

ADOECIMENTO:
Qualquer doença contagiosa/transmissível.

ESFERA DE LIGAÇÃO COM:
A família, grupos, irmandades ou sociedade em empresas ou em algum tipo de trabalho, envolvendo movimentos de um determinado grupo de pessoas.

Obs.: pode significar também apoio familiar, apoio ou inclusão a algum grupo.

O Amante

"Ele chegou envolvente e sedutor,
seu olhar, seu toque, seu beijo a despertou,
despertou todos os desejos, e a ele ela se entregou,
e assim ele resgatou o amor, o calor, e ela então se apaixonou,
ele despertou a bela e sensual mulher, e ela enfim acordou,
vivenciou intensamente todos os prazeres do amor, ele a
amou, amou, amou...
Depois ele se foi, caminhou,
não se despediu, mas ela enxergou,
o quanto ela aprendeu, cresceu e se fortaleceu,
ela agradeceu por tudo o que ele lhe deu,
e ela aqui neste mundo viveu."

SIGNIFICADO:

A energia masculina que encanta; a sabedoria masculina com todo potencial de sedução; o amante, ou a presença e poder do outro homem que seduz. O significado desta carta depende do assunto tratado, da energia das outras cartas que estão acompanhando, e da sua posição.

PERSONALIDADE ENERGÉTICA:

Sedutor, envolvente, seguro, calculista, sábio, infiel, ambicioso, manipulador, vaidoso, galanteador, masculino, livre e viril.

REGE:

O amante, o parceiro que oferece os prazeres da paixão, do amor, do sexo e do mundo.

O EXCESSO CAUSA (ASPECTO NEGATIVO):

Manipulação e domínio da energia mental da parceira de forma aproveitadora; vai para energia do gigolô, tornando-se rejeitado como parceiro pela energia feminina; vulgaridade e prostituição.

ADOECIMENTO:

Doenças transmitidas sexualmente.

ESFERA DE LIGAÇÃO COM:

O amante, o gigolô, profissionais que usam a beleza e a sedução, como modelos, dançarinos, profissionais do sexo.

A Amante

"Fêmea e sedutora ela vem para encantar,
encantar a quem precisar aprender a se amar,
ela é bela, ela seduz e te ensinará a se entregar,
aos prazeres e alegrias do mundo, é isso que ela sabe te ofertar.
Ela sabe te ouvir, ela sabe te tocar, ela é fogo ela é paixão,
é explosão de carícias e sedução, ela tem o
alimento para te encantar,
te ajudando a seguir bem mais forte, e assim caminhar,
e pelas estradas da vida assim ela vai passar,
deixando o seu doce perfume que para sempre irá lembrar."

SIGNIFICADO:
A força da energia da fêmea a encantar, sedução, vaidade, beleza, sabedoria com encanto e com a experiência feminina. Esta carta pode indicar a presença da outra mulher que seduz.

PERSONALIDADE ENERGÉTICA:
Sedutora, feminina, bela, forte, corajosa, sábia, ambiciosa, vaidosa, manipuladora, infiel, livre e envolvente.

REGE:
O poder da sedução feminina, a vaidade e o sexo.

O EXCESSO CAUSA (ASPECTO NEGATIVO):
Promiscuidade, vulgaridade e falta de amor próprio, solidão, rejeição, fica apenas na condição da outra e como objeto.

ADOECIMENTO:
Doenças transmitidas sexualmente.

ESFERA DE LIGAÇÃO COM:
Mulheres muito sensuais, mulheres bem resolvidas sexualmente, mulheres que sabem usar poder e força sexual com sabedoria e prazer, mulheres que sabem ser amantes, ou mulheres prostitutas, também de ligação com profissionais que necessitam trabalhar com a sensualidade, com a beleza e a vaidade, como modelos, dançarinas etc.

Obs.: o assunto tratado, a posição da carta e a energia das cartas que acompanham é o que melhor esclarece sobre seu verdadeiro significado.

Deusa do Livre Arbítrio

"E ela se deliciou,
em sua plenitude de escolha, Deusa de seu
próprio destino se tornou,
seu poder reconheceu, sua força direcionou, o caminho era seu,
com responsabilidade e sabedoria livre escolheu,
escolheu a melhor direção que em sua mente e coração apareceu,
a sua frente um futuro promissor era todinho seu."

SIGNIFICADO:
A força do saber conduzir com total liberdade de escolha, com a energia e vontade própria, poder de direcionar com liberdade e responsabilidade.

PERSONALIDADE ENERGÉTICA:
Forte, decidida, sábia, observadora, livre, responsável, determinada, calculista, inteligente, ativa, focada, estrategista e segura.

REGE:
A liberdade do espírito, a ação e o direcionamento com poder, com consciência e força de conduzir seu destino.

O EXCESSO CAUSA (ASPECTO NEGATIVO):
A falta do saber ouvir e analisar opiniões de outros, a desconexão com o todo; a impulsividade, a falta de raciocínio e sensatez contribuem para a paralisação, ficando em uma encruzilhada. Sem ter o apoio, a integração e o elo, gerado pelo desrespeito a outras decisões e opiniões, pode não conseguir realizar o objetivo.

ADOECIMENTO:
Arteriosclerose e/ou labirintite.

ESFERA DE LIGAÇÃO COM:
Gestores, gerentes, diretores.

Deusa da Prosperidade

*"Com tranquilidade e clareza, ela sabia que o que escolhesse e
fizesse vitoriosa sempre seria,
pois ao reino da prosperidade ela pertencia;
Ela então trabalharia
e com seu poderoso toque tudo em ouro transformaria."*

SIGNIFICADO:
Realizações financeiras por merecimento do próprio trabalho, da própria
capacidade; aumento de salário ou bons negócios, gerando prosperidade e
dinheiro.

PERSONALIDADE ENERGÉTICA:
Visionária, inteligente, sábia, forte, ativa, determinada, dedicada, positiva,
realizadora e merecedora, nutre e contagia com sua energia de prosperidade
transformadora.

REGE:
O dinheiro e as melhoras financeiras por frutos do trabalho e do merecimento
próprio; melhoras de cargo e salário; colheitas do que plantou.

O EXCESSO CAUSA (ASPECTO NEGATIVO):
A falta de capacidade de vivenciar o desenvolvimento espiritual e o contato
familiar e com os amigos verdadeiros, a valorização focada apenas no dinheiro
e no material, falta de amor, gerando a escravidão, o desejo apenas de ter e a
incapacidade de ser feliz.

ADOECIMENTO:
Úlceras, prisão de ventre, derrame.

ESFERA DE LIGAÇÃO COM:
Grandes sábios dedicados e bem sucedidos, profissionais de visão e garra.

Deusa da Gratidão

"Muito feliz um brinde ela ergueu...
Agradeceu ao universo tudo que aprendeu...
Orou, dançando com alegria por tudo que recebeu,
feliz cantou com gratidão por todo amor que viveu,
realizada e confiante no futuro ela estava,
seu espírito feliz livre voava, em paz e integrada ao
universo ela estava..."

SIGNIFICADO:
A gratidão e alegria de viver, a felicidade, o equilíbrio e grandeza espiritual, a realização e vitória, é agradecida e comemorada.

PERSONALIDADE ENERGÉTICA:
Alegre, positiva, inteligente, sincera, otimista, sábia, envolvente, contagiante, espiritualizada, esperançosa, integrada, grata, realizadora, próspera, amorosa, encantadora e com muita fé.

REGE:
A gratidão, as colheitas vitoriosas, a satisfação e felicidade, a alegria pela vida, a comemoração.

O EXCESSO CAUSA (ASPECTO NEGATIVO):
Conformismo, gerando paralisação e comodismo, estagnação.

ESFERA DE LIGAÇÃO COM:
Realizadores de festas e eventos (*promoter*) e também com dançarinos.

ADOECIMENTO:
Apatia.

CAPÍTULO VI

Formação da Sexta Estrela Universal:
Sexta Dimensão

Formação da 6ª Estrela

Nesta era, o Universo está no estágio do velho, cheio de conhecimentos e pronto para passar seu grande aprendizado, os núcleos que aqui se formam são representados pelas cartas de números 44, 45, 46, 47, seguidamente de seus núcleos opostos de números 48, 49, 50, 51. Significa o momento quando o universo já adquiriu grandes experiências e desenvolvimentos, se prepara para o novo desabrochar de todas as sementes que foram plantadas em um tempo muito remoto. Esse desabrochar representa grandes transmutações evolutivas, é a consciência do todo do cosmo se preparando para que no futuro aconteça de forma equilibrada uma gigantesca transformação, já que a inteligência, a visão da força e do poder vibram em muitos núcleos do Universo.

As informações que chegam a cada consciência ativada são inúmeras; os desenvolvimentos científico, filosófico, tecnológico e artístico já começam a entrar em portas que levam a outras portas, que levaram a uma maior evolução, mas o anseio pelo poder também se destaca e a ansiedade de chegar rápido ao novo, ao supostamente melhor causa em muitos núcleos um desenvolvimento desequilibrado, sem a harmonia e o devido respeito com o todo. Felizmente, em alguns núcleos, a gratidão, a alegria, o reconhecimento e o respeito pela energia divina criadora e sagrada emanam ao universo uma vibração que ajuda no equilíbrio universal, mas nem todos estão conectados com essa frequência de cura porque estão ofuscados por uma visão de poder destorcido.

Aqui nessa era, a carta nº 52 (Deusa do Merecimento) representa o núcleo central da sexta estrela universal, aqui a vibração dimensional é da cor violeta (a nota musical regente é "lá"), rege também o chacra coronário, vibra a energia do desenvolvimento espiritual de uma forma inteligente e justa, ajuda no reequilíbrio, desmembrando e transmutando energias nocivas e muito densas plasmadas no universo pelo coletivo, assim catástrofes previstas para o futuro têm suas cargas energéticas diminuídas, e quando no futuro o renascimento universal se iniciar, acontecerá de forma menos catastrófica.

Guardião dos Portais

*"E a todos os filhos da Deusa foi dada a permissão
de conhecer os grandes portais de ouro, mas nem
todos por eles passarão,
os misteriosos conhecimentos sagrados pelo grande guardião,
protegidos estarão, somente os puros de coração
neles adentrarão."*

SIGNIFICADO:
Contatos espirituais com outras esferas, abertura de portais energéticos, oportunidade de novos caminhos, permissão de conhecimentos e acessos importantes, ou sagrados e misteriosos, segredos revelados.

PERSONALIDADE ENERGÉTICA:
Vigilante, responsável, sábia, colaboradora, observadora, justa, selecionadora, protetora e misteriosa.

REGE:
Os mistérios revelados, o contato com outros mundos ou abertura de novas esferas para outras oportunidades.

O EXCESSO CAUSA (ASPECTO NEGATIVO):
Paralisação, desconfiança, insegurança e medo.

ADOECIMENTO:
Tensão que quase sempre leva ao estresse, podendo gerar outros adoecimentos como insônia, etc.

ESFERA ENERGÉTICA DE LIGAÇÃO COM:
Chefes de guardas, seguranças e vigilantes.

Deusa dos Instintos

"E enfim ela chegou trazendo seus conhecimentos,
vibrando seu pacto de amor e cuidados, espalhando
sagrados sentimentos,
reconhecendo a igualdade entre todos os seres viventes,
com respeito os ajudou, os ouviu e os amou, desta forma confirmou
seus laços de eternos agradecimentos,
valorizou a energia da vida e a sabedoria de ouvir seus instintos,
heranças de poderosos ancestrais conhecimentos."

SIGNIFICADO:

A ação da energia do instinto, a sabedoria ancestral a seguir, forte energia do animal ancestral de poder, agindo na atitude espontânea e colaboradora na vida do corpo físico em um pacto natural.

PERSONALIDADE ENERGÉTICA:

Sensível, amorosa, colaboradora, intuitiva, observadora, humilde, grata, interligada, participativa, sábia, cuidadora, dedicada, responsável, acolhedora e segura.

REGE:

O amor incondicional, o pacto de compromisso de responsabilidade e cuidados com animais e com o todo universal, a força da energia da sabedoria instintiva que guia e ilumina.

O EXCESSO CAUSA (ASPECTO NEGATIVO):

A falta de cuidados próprios gerada pelos excessos de compromissos e cuidados com outros, mau uso da sexualidade, energia sexual usada com desequilíbrio de sentimentos e sem o uso da inteligência, gerando adoecimento emocional.

ADOECIMENTO:

Desgastes físicos e emocionais; perda de energia; desânimo; sentimento de impotência e culpa; adoecimentos gerados por falta de cuidados próprios.

ESFERA ENERGÉTICA DE LIGAÇÃO COM:

Pessoas que cuidam de animais, como veterinários, zootecnistas, produtores, criadores, protetores, etc.

Deusa da Visão Sagrada

*"Ela parou e observou, viu muito além, não apenas o que tocava e
o que ali estava, e sim via através de alguém, também enxergava
caminhos melhores ou piores como ninguém, ela via muito além...
sagrada é essa visão que nos guia e nos protege tão bem..."*

SIGNIFICADO:
Visão mediúnica, energia de proteção em ação, vigilância ou atenção, precauções a serem tomadas.

PERSONALIDADE ENERGÉTICA:
Observadora, integrada, focada, cuidadosa, analisadora, atenta, vigilante, sensata, sábia, segura, silenciosa, responsável e desconfiada.

REGE:
A mediunidade desenvolvida, a visão, a observação, a vigília, o cuidado, a atenção e a responsabilidade.

O EXCESSO CAUSA (ASPECTO NEGATIVO):
Ciúme, cobiça, inveja, desconfiança, insegurança, medos causados por cuidados exagerados.

ESFERA DE LIGAÇÃO COM:
Detetives, toda área de investigação, e também com médiuns videntes.

ADOECIMENTO:
Distúrbio psicológico de manias de perseguição ou qualquer adoecimento de olhos.

Deusa da Proteção

"E ao seu lado ela se colocou,
com flores o seu caminho enfeitou
seu doce perfume espalhou e tudo melhor ficou,
a chave a você ela entregou,
e ao portal que você escolheu ela te direcionou,
você nunca vai estar só, ela irá te guardar,
te ajudar em tudo o que precisar,
basta apenas confiar
no que ela ao seu ouvido falar,
seguindo o caminho que ela ira lhe mostrar."

SIGNIFICADO:
A proteção e o direcionamento equilibrado para alcançar a solução e para atingir um objetivo; caminhos abertos para realizações, para a cura, ou a ajuda e solução que chega.

PERSONALIDADE ENERGÉTICA:
A amiga, a guia, a doce conselheira, a guardiã, a protetora, a prestativa e presente.

REGE:
A energia da guardiã que protege, cuida e direciona para o melhor caminho, a ajuda para conseguir a chave para a solução.

ESFERA DE LIGAÇÃO:
Terapeutas, psicólogos, médicos, enfermeiros e também profissionais acompanhantes que cuidam de idosos, deficientes, etc.

O EXCESSO CAUSA (ASPECTO NEGATIVO):
Falta do reconhecimento; do uso e da valorização da sua capacidade solucionadore para si próprio, gerando acomodação e a dependência da ajuda de outros.

ADOECIMENTO:
Garganta e cordas vocais

O Guerreiro

*"E ele alcançaria com sua espada força e
coragem tudo que desejasse,
venceria com determinação qualquer bloqueio que
no seu caminho encontrasse
dominaria o que precisasse,
tudo iria articular para o seu objetivo alcançar,
usando sua força e sabedoria protegido ele estaria,
desta forma lutaria e todos o temeria e o respeitaria,
seu reinado abalado jamais seria,
pois o inimigo ele sempre venceria."*

SIGNIFICADO:
Coragem, determinação, força e sabedoria para alcançar um objetivo, vitórias, conquistas, proteção e articulação.

PERSONALIDADE ENERGÉTICA:
Corajosa, guerreira, sábia, determinada, forte, protetora, rude, articuladora, guardiã, ativa, temida, dominadora e respeitada.

REGE:
A coragem, a força, a sabedoria, a articulação, a proteção e o domínio.

O EXCESSO CAUSA (ASPECTO NEGATIVO):
Brutalidade, ditadura, domínio egoísta, ira e brigas, levando até a guerra.

ESFERA DE LIGAÇÃO COM:
Soldados de todas as graduações.

ADOECIMENTO:
Enxaqueca, bruxismo, artrite e artrose.

A Guerreira

"Depois que muito sofreu,
com sabedoria sua espada ela ergueu,
e sem medo, os perigos e a escuridão da mata, ela venceu,
sua força e coragem foram reconhecidas, e então aconteceu...
Ela continuou usando sua intuição
e seus raios dominando gigantes feras em ação.
E ela muito aprendeu...
Desta forma ela cresceu, alcançou o que queria
e com perigos conviveu,
mas com determinação e coragem, seus objetivos defendeu,
novos caminhos ela abriu, e não temeu,
assim ela venceu e sua própria força ela reconheceu."

SIGNIFICADO:
A energia é usada para vencer obstáculos e injustiças, para alcançar os objetivos; a coragem e o domínio necessário de algo ou alguém; a determinação e intuição abrem novas oportunidades em caminhos desconhecidos; o reconhecimento da força e sabedoria feminina.

PERSONALIDADE ENERGÉTICA:
Corajosa, acolhedora, forte, justa, intuitiva, determinada, respeitada, guardiã, guerreira, sábia, desbravadora e protetora.

REGE:
Coragem, intuição, determinação, força, domínio, o acolhimento e a justiça.

O EXCESSO CAUSA (ASPECTO NEGATIVO):
Inconsequências, falta de raciocínio, impulsividade, confrontos, experiências perigosas desnecessárias.

ESFERA DE LIGAÇÃO COM:
Movimentos feministas, líderes sindicalistas e profissionais que defendem os direitos das mulheres.

ADOECIMENTO:
Doenças infectocontagiosas.

A Parceira

"Falo daquela que te seguirá, por onde fores, ela estará,
tudo fará para te ajudar,
amar-te-á, respeitará, de ti cuidará,
ela te engrandecerá dando-te o carinho que mais precisar,
tua amiga sempre será,
sábias e doces palavras sempre terá para te orientar,
ela te acalmará e nela confiarás,
em seu colo deitarás,
aceitando todo o carinho que ela ofertará,
pois com liberdade ela escolheu a teu lado sempre estar,
e a felicidade ela sempre sentirá,
se ao teu lado ela ficar."

SIGNIFICADO:
Companheirismo, confiança, parceria, dedicação, amor, cumplicidade, amizade, acolhimento e o equilíbrio do prazer da companhia para seguir pelas estradas da vida.

PERSONALIDADE ENERGÉTICA:
Amiga, protetora, companheira, fiel, amorosa, carinhosa, acolhedora, humilde, presente, cuidadora, cúmplice e dedicada.

REGE:
A escolha com liberdade do caminho ao lado de alguém por amor ou amizade, ou por um seguimento, uma filosofia.

O EXCESSO CAUSA (ASPECTO NEGATIVO):
A falta de individualização e de amor próprio; excesso de dedicação ao outro, anulando-se como pessoa, gerando apego exagerado ao parceiro, atrapalhando o desenvolvimento de ambos.

ESFERA DE LIGAÇÃO COM:
A esposa, a amiga, a protetora e a companheira de jornada. Ligação com profissionais que dão apoio e suporte ao outro, por exemplo, domésticas, babás, secretárias, etc.

ADOECIMENTO:
Retenção de líquidos, excesso de peso, verrugas, nódulos, cistos, tumores, fibromas, etc.

O Parceiro

"Falo daquele que estará ao seu lado,
lhe dará proteção e cuidado,
caminhará ao seu lado,
sentir-se-á parte sua, ao seu colo deitará,
em seus carinhos confiará,
com seus cuidados contará
se assim os precisar,
o que é dele, seu será,
a você ele escolheu amar e ao seu lado caminhar,
pois só com você o equilíbrio encontrará,
e realizado ele se sentirá."

SIGNIFICADO:
Companheirismo, proteção e dedicação a alguém por amor, amizade, satisfação, prazer e confiança ao estar junto e poder de alguma forma ajudar e caminhar juntos pelas estradas da vida.

PERSONALIDADE ENERGÉTICA:
Protetora, segura, fiel, dedicada, sábia, cuidadora, responsável, companheira, amiga, provedora e prestativa.

REGE:
A escolha com liberdade, encanto e prazer pela companhia e parceria.

O EXESSO CAUSA (ASPECTO NEGATIVO):
Apego, anulação própria e excesso de dedicação ao outro, ou manipulação e domínio do outro com autoritarismo e violência.

ESFERA DE LIGAÇÃO COM:
O amigo, o parceiro, o esposo, o companheiro de jornada e com líderes de movimentos sindicalistas.

ADOECIMENTO:
Gota, mau hálito, tosse seca, doenças da próstata, bronquite, etc.

Deusa do Merecimento

"E o melhor de todos os presentes ela então recebeu,
por seu merecimento a sabedoria e equilíbrio
naturalmente serão seus,
o que ela precisar com a harmonia com o todo o universo lhe dará
sua energia sagrada interligada com o
desenvolvimento do uno sempre estará,
ela já não é mais daqui, mas com humildade aqui quis estar
e com seu amor e dedicação sempre irá nos ajudar."

SIGNIFICADO:
Algo importante e almejado é recebido, conquistado, recompensado pelo merecimento, por ações inteligentes, equilibradas e dedicadas com amor para o desenvolvimento do universo; pode também se tratar de uma pessoa muito especial que é um verdadeiro presente por ter muitas e boas qualidades.

PERSONALIDADE ENERGÉTICA:
Amorosa, sábia, dedicada, amiga, sincera, orientadora, prestativa, grata, intuitiva, espiritualizada, determinada, humilde, acolhedora, colaboradora, criativa, protetora, doadora, facilitadora, inteligente, equilibrada, interligada, ativa, conselheira, otimista que irradia forte energia.

REGE:
A colheita e o presente desejado, recebidos como recompensa por merecimento.

O EXCESSO CAUSA:
Egocentrismo, autovalorização exagerada, tornando-se uma pessoa que se sente soberana e melhor que todos. Perfeccionista e muito crítica com todos e tudo, sentimento de autossuficiência, levando à desconexão com o todo, ficando só.

ESFERA DE LIGAÇÃO COM:
Pessoas que se tornam admiradas e exemplos como ser humano pelos grandes presentes que deixam para humanidade, como Platão, Sócrates, Thomas Edson, Einstein, Santos Dumont e muitos outros.

ADOECIMENTO:
Artrite e artrose.

CAPÍTULO VII

Formação da Sétima Estrela Universal:
Sétima Dimensão

Formação da 7ª Estrela

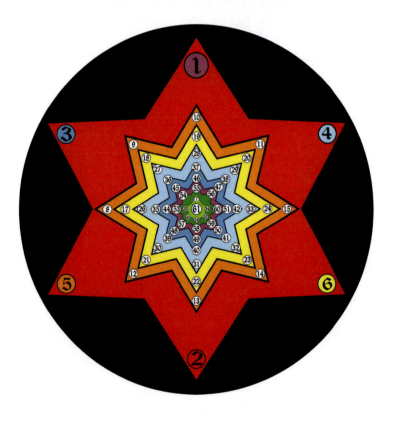

O Universo, neste momento atual, está no estágio do velho sábio e experiente que muito já fez, viveu, aprendeu, ensinou; está no estágio do ancião que finaliza seu ciclo na Terra e já está preste a fazer a passagem para outra dimensão, isso é, para "nova era", ou seja, para o renascimento, e sob a influência principal dos oito núcleos mais recentes, representados aqui pelas cartas de nº 53, nº 54, nº 55, nº 56, e seus opostos de nº 57, nº 58, nº 59 e nº 60. Todos que habitam, hoje, o planeta terra e outros núcleos vivem o fim da formação do ciclo da sétima estrela dimensional, é o tempo de separar o joio do trigo (estudos comparativos com a Bíblia); é a transição para esperada entrada na estrela dimensional nº 1 da nova era que se iniciou no final do ano 2013. Estamos vivendo um grande momento histórico universal, de misturas energéticas acontecendo para que elas sejam redirecionadas, levando a uma grande reorganização em todas as esferas de todas as dimensões; devemos ter consciência de nossas ações para alcançar um melhor grau de evolução. O entendimento com serenidade, amor, respeito com o todo universal é de extrema importância. A cor que rege esta sétima dimensão universal é o verde, a qual rege também o chacra cardíaco (a nota musical é o "si"), unificando e fortalecendo toda energia inteligente universal, e tudo que atrapalhar essa evolução harmoniosa e equilibrada, rápida ou lentamente vai ser desintegrado e direcionado para a dimensão e núcleo de seu real desenvolvimento.

Já está nascendo no centro dessa sétima dimensão o primeiro núcleo energético da nova era, é representada pela carta de nº 61 (Rainha do Silêncio) que significa a abertura do portal, a entrada para nova era, e quando esse núcleo nº 1 da nova era estiver plenamente formado, a estrela da 8ª dimensão estará pronta para se autolançar para fora do antigo corpo universal, dando assim continuação ao infinito desenvolvimento.

Deusa da Realização

"E ela assim chegou,
iluminou, alegrou, e a todos contagiou,
era um espetáculo, era puro esplendor,
dentro do que se propôs, a todos ela encantou,
com muito amor e com o melhor do seu eu a todos contagiou,
e em total plenitude ela sonhou e realizou,
ela é um sucesso, e dessa forma ilustremente de
todos ela se destacou..."

SIGNIFICADO:
Poder do brilho próprio exteriorizado e admirado, atingindo enormes proporções de admiradores, contagiando muitos com a energia de sonhos e de esperanças.

PERSONALIDADE ENERGÉTICA:
Popular, dedicada, determinada, carismática, contagiante, sábia, brilhante, admirada, integrada, ativa, envolvente e encantadora.

REGE:
A realização, a fama, o brilho, o sucesso, a popularidade, o carisma e o encanto.

O EXCESSO CAUSA (ASPECTO NEGATIVO):
Ilusão, fantasia, desequilíbrio emocional e psicológico, sentimento de soberania, gerando ridicularização, desaprovação e desafeto.

ESFERA DE LIGAÇÃO COM:
Famosos, glamorosos, ídolos e celebridades.

ADOECIMENTO:
Desequilíbrio emocional e psicológico, criando uma realidade que não existe.

O Lar

"Espaço amado e respeitado
agradeço feliz a este solo sagrado,
lar doce lar por todos tão desejado
graças te dou por me abrigar, por me acolher,
e que eu saiba te cuidar, valorizar, amar
e assim merecer aqui em paz viver,
obrigada por segurança me oferecer,
obrigada por me dar prazer,
obrigada por eu aqui viver."

SIGNIFICADO:

Valorização e respeito a terra e ao lar. Pode estar relacionado ao próprio imóvel, à empresa ou ao espaço relacionado ao trabalho. Também pode significar a energia de dentro do lar, a estrutura familiar, dependendo da relação com outras cartas que a acompanham.

PERSONALIDADE ENERGÉTICA:

Acolhedora, segura, envolvente, forte, equilibrada e doadora.

REGE:

A própria terra, o lar, o imóvel, o espaço físico ou o local do trabalho.

O EXESSO CAUSA (ASPECTO NEGATIVO):

Ambição sem respeito ao meio ambiente e com egoísmo; apego a imóveis, gerando paralisação material e do desenvolvimento espiritual; autoaprisionamento inconsciente.

ESFERA DE LIGAÇÃO COM:

Engenheiros, arquitetos ou corretores de imóveis.

ADOECIMENTO:

Na coluna.

Os Amigos

"E ela então os reconheceu, com alegria os recebeu,
cada gesto, cada toque, nutriam de força e coragem
a energia do seu eu.
A felicidade era enorme na simples troca de olhar,
a presença de todos eles, a ensinava a mais sublime forma de amar.
E neles ela confiou, junto a eles caminhou
e tudo melhor ficou,
com alegria, brincou, dançou, cantou,
de tudo ela falou, suas tristezas para eles contou,
no colo deles chorou,
e a luz do amor de seus amigos então a
direcionou, ajudou, alegrou,
ela se transmutou e a gratidão no seu eu reinou."

SIGNIFICADO:
Apoio de amigos físicos ou espirituais, dando a proteção e a ajuda necessária, dando carinho, amor, respeito e admiração. Significa também o cuidado e o apoio de muitos amigos sinceros.

PERSONALIDADE ENERGÉTICA:
Carismática, comunicativa, popular, amiga, sincera, integrada, líder, amorosa, prestativa, colaboradora, ativa, admirada, querida, alegre, acolhedora, carinhosa e generosa.

REGE:
A ajuda, o apoio e proteção de amigos físicos ou espirituais.

ESFERA DE LIGAÇÃO COM:
Líderes de grupos ou irmandades.

O EXCESSO CAUSA (ASPECTO NEGATIVO):
Ambição, sentimento de superioridade, vaidade, orgulho, soberania, poder de manipulação, abuso de poder sobre outros para benefícios próprios. Pode se tornar rejeitado e antipatizado e ir para solidão ou exclusão.

ADOECIMENTO:
Rinite alérgica, alergias em geral.

O Poder

*"E ela aqui chegou, depois que muitos caminhos trilhou,
muito prendeu, muito conheceu, e enfim mais forte renasceu,
verdadeiramente cresceu, mestra do amor se tornou a paciência
nela reinou, sabia ouvir, sabia a hora de falar, sabia observar e
transmutar, sabia o melhor criar, e no centro de tudo ficar, com
gratidão o poder do seu eu elevar, todos os extremos valorizar
e de cada um deles com sabedoria e carinho cuidar, ela era parte
do todo, o todo era parte dela e assim iria caminhar, naturalmente
a compreensão e felicidade no seu ser vai reinar, com fé seguirá
para o futuro que ela sabiamente vai criar, por onde ela passar
tudo melhor vai se tornar."*

SIGNIFICADO:

O poder de tornar realidade o que se deseja com a sabedoria de lidar com tudo e todos, para que possa atingir o objetivo com equilíbrio. Desenvolvimento individual em todos os aspectos interligados, vibrando a mesma energia ao todo e a todos. A energia divina e sagrada é reconhecida individualmente em si, usada com todo seu potencial para alcançar uma elevação harmoniosa, com visão, entendimento, humildade, paz, parceria, felicidade, amor, fé, esperança e gratidão.

PERSONALIDADE ENERGÉTICA:

Sábia, inteligente, determinada, iluminada, compreensiva, amorosa, líder, integrada com o todo, acolhedora, criativa, poderosa, responsável, equilibrada, feliz, grata, moderna, ativa, livre, segura, espiritualizada, pacificadora, sensível, realizadora e forte.

REGE:

Habilidade de realizar o que for preciso e almejado com equilíbrio, visão, naturalidade, amor e com a inteligência desenvolvida em ação para alcançar o objetivo com felicidade.

Obs.: frase deste núcleo: *"minha realidade sou eu quem cria."*

O EXCESSO CAUSA (ASPECTO NEGATIVO):

Ambição, soberania, orgulho, manipulação, calculismo, ingratidão, desligamento do todo gerando insatisfação, rejeição e exclusão.

ESFERA DE LIGAÇÃO COM:

O novo ser humano, que renasce na nova Era, com variadas aptidões profissionais.

ADOECIMENTO:

LER (lesão por esforço repetitivo).

O Rei

"Brilhante como o sol, encantado ele chegou,
pleno em seu poder absoluto como um Deus na terra ele reinou,
ocupando seu lugar, assim vai comandar,
por tantos aprendizados com sua coroa, reinará,
por merecimento próprio sentado em seu trono seus
frutos irá saborear."

SIGNIFICADO:
O reconhecimento do poder patriarcal, a energia masculina é usada com todo potencial, alcançando o almejado. A colheita merecida é feita; poder próprio consciente de direcionar a vida com inteligência.

PERSONALIDADE ENERGÉTICA:
Poderosa, forte, inteligente, realizadora, provedora, segura, acolhedora, próspera, ativa, direcionadora, patriarcal e protetora.

REGE:
O reconhecimento do poder individual masculino em ação de várias formas.

ESFERA DE LIGAÇÃO COM:
Profissionais bem sucedidos, grandes e poderosos chefes empresariais.

Obs.: pode-se tratar também da energia do pai, do chefe ou até do parceiro.

O EXCESSO CAUSA (ASPECTO NEGATIVO):
Sentimento de soberania, orgulho, imposição, arrogância, frieza e ditadura.

ADOECIMENTO:
Úlcera gástrica, hérnia de hiato, refluxo do suco gástrico.

A Rainha

"Exuberante e poderosa ela se reconheceu,
sentiu-se merecedora do trono que era seu,
elegante e maravilhosa, tão feminina ela reinou,
liderando e muito ativa colhendo seus frutos, continuou,
reinando como a lua serenamente caminhou,
sabiamente venceu preconceitos com a energia do seu amor."

SIGNIFICADO:
Vitórias, colheitas e realizações, dificuldades e preconceitos vencidos, o trono é ocupado por merecimento próprio com brandura, por perseverança e soberania.

PERSONALIDADE ENERGÉTICA:
Poderosa, inteligente, sábia, ativa, interligada, amorosa, forte, determinada, colaboradora, otimista, equilibrada, serena, matriarcal, próspera, acolhedora, perseverante, líder e vencedora.

REGE:
O reconhecimento do próprio poder, a energia feminina sendo usada com liberdade, sabedoria e consciência.

O EXCESSO CAUSA (ASPECTO NEGATIVO):
Soberania, arrogância, orgulho, poder de manipulação do outro, levando à rejeição por todos.

ESFERA DE LIGAÇÃO COM:
Líderes, profissionais bem sucedidos, respeitados e admirados pelos subordinados. Sábios empresários com as mesmas características, prósperos e de sucesso. Pode-se tratar também da energia de uma matriarca ou até de outra figura feminina, dependendo do assunto.

ADOECIMENTO:
Cardiovasculares

A Despedida

"Agora chegou o momento que iremos nos despedir,
caminhos diferentes sei que iremos seguir,
o desapego é necessário para o nosso desenvolvimento,
o meu amor por ti é muito grande mais eu te faço um juramento:
vá, mas, onde eu estiver irei sempre trabalhar
para que um dia com equilíbrio e harmonia nós possamos nos
eencontrar, assim a paz, a felicidade e a alegria poder junto a ti vivenciar.
Também te faço um pedido para que me ajude a essa graça alcançar:
Meu amor, por favor, permita-se mudar, crescer e evoluir, depende
de ti, muito eu queria junto a ti continuar, mas eu ficando
não poderei mais ajudar, a saudade será grande e sei que o teu
caminhar mais difícil será, continue acreditando, o amor é a
maior magia e um dia iremos nos reencontrar."

SIGNIFICADO:
Separação necessária para o equilíbrio e o desenvolvimento espiritual e físico.

PERSONALIDADE ENERGÉTICA:
Livre, forte, inteligente, sábia, desapegada, objetiva, esperançosa, colaboradora, articulada, amorosa, com muita visão, fé, consciência e interligação com o desenvolvimento do todo universal.

REGE:
A separação, o divórcio, a despedida, o fim de um ciclo, a viagem necessária. A passagem para outra dimensão, caso venha acompanhada da carta "senhora do destino" e outras com energia de adoecimento ou de acidente.

O EXCESSO CAUSA (ASPECTO NEGATIVO):
Falta de raiz, medo de vivenciar envolvimentos com sentimentos, desconstruções, desistência de projetos em andamento, fuga, solidão.

ESFERA DE LIGAÇÃO COM:
Profissionais que trabalham, fazendo longas viagens como comissários de bordo, pilotos, caminhoneiros, comandantes de navios, profissionais que trabalham embarcados, etc.

ADOECIMENTO:
Autismo, amnésia, mal de Alzheimer, ausência de parte da memória.

O Aprendizado

"Já sabemos o caminho que devemos seguir,
o aprendizado foi intenso para chegar até aqui,
o importante é entender
que quanto mais aprendemos mais vamos compreender
que maior ainda é o que temos que desenvolver,
nosso potencial é infinito, somos luz, amor e poder,
nossa responsabilidade é enorme diante do quanto há por fazer,
a fé e a paz enfim encontramos, dentro do infinito
caminho que vamos percorrer
distribuindo felicidade, essa é a nova forma de viver."

SIGNIFICADO:
O poder do aprendizado em ação é usado para o desenvolvimento e equilíbrio em harmonia e comunhão com a energia sagrada da criação e com todos.

PERSONALIDADE ENERGÉTICA:
Inteligente, sábia, intuitiva, orientadora, espiritualizada, integrada, observadora, amorosa, sensível, moderna, comunicativa, segura, equilibrada, responsável, estudiosa, poderosa, ativa, atenta, expressiva, pacífica, grata e feliz.

REGE:
O aprendizado, a fé, a intuição, a consciência e confiança ao sentir a energia universal, e do poder próprio ao ser usado na ação que gera uma reação no universo.

O EXCESSO CAUSA (ASPECTO NEGATIVO):
Autocrítica e exigência nas ações e comportamentos próprios ou de outros com exageros, sem respeitar as limitações. Gera a falta de valorização e o não reconhecimento do próprio poder, baixa autoestima e descrença.

ESFERA DE LIGAÇÃOCOM:
A filosofia.

ADOECIMENTO:
Diferentes tipos de adoecimentos que iniciam com a autosabotagem, o autovampirismo inconsciente, ou seja, a própria força energética baixa a imunidade e predispõe o organismo a adoecer.

Notas e esclarecimentos sobre a sexta e sétima dimensão (Dimensões de energias futurísticas)

Poucos têm o entendimento e a visão da existência de dimensões. Há uma limitação na mente ao estar vivendo no corpo físico, porém, com a chegada da nova era, haverá um mega desenvolvimento inteligente, e muitos estudiosos irão desenvolver uma tecnologia científica capaz de captar a energia dos núcleos sutis. Nessas dimensões vibra a inteligência do futuro, onde estão os projetos que muito provavelmente irão acontecer, onde também ficam os núcleos que firmam acordos de compromissos com as próximas encarnações.

No desenvolvimento das dimensões, a sexta e a sétima dimensões se formaram, ou seja, estas se completaram mais recentemente. Elas trabalham, principalmente, captando energia transmutada para uma melhor formação no futuro, ou seja, nada acaba, nada morre, apenas se transforma dentro do seu real desenvolvimento, o que hoje aqui está envelhecendo, enfraquecendo no mundo físico, na verdade está se transmutando, se transportando, enviando para o futuro uma energia muito mais inteligente, desenvolvida, forte e rejuvenescida. Esta energia, que estará pronta para um renascimento na dimensão e no núcleo do seu real desenvolvimento e vibração energética.

Mudamos apenas de matéria, conforme o núcleo e a dimensão que estamos atravessando no tempo e no espaço, onde deixamos registrado tudo o que está sendo vivenciado, e até mesmo as probabilidades do futuro, conforme o uso do nosso livre arbítrio; somos espíritos individuais, mas estamos interligados ao todo universal e ligados, principalmente, à energia sagrada e divina da criação.

Somos responsáveis por nossas ações, nossos sentimentos, nossos pensamentos, os quais geram uma reação que somada a outras reações forma a energia do coletivo que irá nutrir e ativar determinados núcleos que irão entrar em ação. Desta forma, fica muito clara a nossa responsabilidade com o tipo de energia que estamos injetando no futuro.

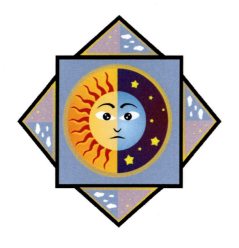

CAPÍTULO VIII

Formação da Oitava Estrela Universal:
Oitava Dimensão

Formação da 8ª Estrela

A Nova Era

Aqui o Universo renasce projetando- se, lançando- se de modo sábio para fora do corpo antigo universal, nascendo como um novo Universo, paralelo ao antigo, que ficará existindo para sempre, porém em espaço, tempo, e inteligência diferente. Tudo e todos que não acompanharem a evolução ficarão no Universo antigo, por isso a vibração do núcleo representado pela carta de N° 59 "A Despedida" já está hoje em total ação, trabalhando o desapego, já que as dificuldades de atravessar para o novo Universo dos que ficarem no velho Universo serão inúmeras.

A PRIMEIRA ESTRELA DIMENSIONAL DA NOVA ERA (ou 8ª dimensão): Formada apenas pelos 6 maiores núcleos inteligentes: nº 7, nº 16, nº 25, nº 34, nº 43, nº 52 (esses serão sempre os núcleos de interligação com a antiga era), com o seu onipotente útero central "O Caminho" que, atualmente, está formando o núcleo Rainha do Silêncio, representado pela carta de nº 61, já é o primeiro novo núcleo da nova era, começando a se formar, captando as mais evoluídas energias e começando a agir. Nos 7 núcleos dessa 8ª estrela dimensional, a cor que irá reger é o verde, com a nota musical "si" agora num desenvolvimento oposto e mais evoluído, portanto, o desenvolvimento das futuras dimensões seguirá por verde, violeta, azul anil, azul, amarelo, laranja, vermelho, com suas notas musicais correspondentes. Por isso, a arte de forma geral no novo Universo será mais sabiamente usada e ainda mais bela, profunda, e ainda mais deslumbrante. A nova era será inexistente, silenciosa na percepção de tudo e de todos que ficarão no velho Universo, e o novo Universo, magnificamente, já está nascendo.

Este é o estágio em que o universo renasce como uma criança superinteligente; e a nossa Mãe Terra começará no processo de cura através de crianças também superinteligentes com novos entendimentos e ações.

Núcleos regentes que irão ter maior influência na nova era: carta nº 7- Deusa Mãe da Inteligência / carta nº 16 - Deusa Mãe da Alquimia / carta nº 25 - Deus da Terra / carta nº 34 - Deus da Arte / carta nº 43 - Deusa da Gratidão / carta nº 52 - Deusa do Merecimento / carta nº 61 - Rainha do Silêncio (núcleo energético ainda em formação).

Rainha do Silêncio

"Em silêncio ela espera, a observar... Atenta analisa com quem ela seguirá... Segura decidirá o momento de agir e falar... Com serenidade a justiça ela fará... E tudo que atrapalhar o seu caminhar, para trás irá deixar... Seus cálculos são precisos, com arte e inteligência para o melhor caminho alcançar... Forte, guerreira e vigilante ela continuará E nada a impedirá de chegar, pois a sabedoria necessária para o futuro irá levar e com a ação inteligente o melhor materializará... Assim, ela renascerá, com segurança, equilíbrio e gratidão reinará..."

SIGNIFICADO:

O silêncio e o esperar necessário para que com equilíbrio, atenção e sabedoria se possa agir e se expressar da melhor forma, no momento certo, com a pessoa certa, com discernimento seletivo inteligente para assim alcançar o objetivo desejado com tranquilidade, paz e segurança.

PERSONALIDADE ENERGÉTICA:

Equilibrada, inteligente, observadora, atenta, analisadora, paciente, silenciosa e ativa, forte, serena, seletiva, segura, determinada, estudiosa, protetora, vigilante, investigativa, organizada e organizadora, moderna, sincera, estrategista, otimista, correta, justa, criativa, realizadora, esperançosa, cuidadora, desapegada, pacificadora, misteriosa.

REGE:

A segurança, o silêncio necessário, a espera inteligente, o equilíbrio, o discernimento, a seletividade, a ação correta necessária e pacífica na hora exata.

O EXCESSO CAUSA:

(aspecto negativo) calculismo, frieza, medo de envolvimentos físicos e emocionais, vivências programadas e automáticas, afastamento da vida natural e da natureza, fuga para relacionamentos virtuais, rigidez, exigência exagerada de perfeição no outro, fica recluso na solidão e tristeza.

ADOECIMENTO:

Depressão e síndrome do pânico.

ESFERA DE LIGAÇÃO COM:

Gestores de inteligência de segurança. **Obs.:** O nome e a imagem desta carta chegaram com muita clareza através de um sonho que minha filha teve em um momento que eu passava por atribulações no plano físico, e logo entendi que, pela necessidade de meu mentor agilizar a conclusão de sua obra, buscou em minha filha um canal de comunicação mais próximo e com grande afinidade espiritual comigo e com ele. Assim, conseguimos concluir este trabalho e agradeço de forma especial a minha filha Fernanda por sua colaboração, apoio e por nossa afinidade e parceria.

O Caminho

"E assim se ouviu a mais linda canção tão envolvente,
o universo regendo em total esplendor, regendo o amor, a perfeição
nela estava harmoniosamente,
e a bela canção envolveu a todos tão docemente...
E as salamandras dançavam lindamente,
conduzindo a luz das labaredas de cores estonteantes que
cantavam e bailavam suavemente ...
E o ar soprava seu doce perfume delicadamente,
arcanjos, anjos, fadas, elfos, silfos, borboletas e pássaros cantavam
e se misturavam nas cores exuberantes do arco-íris, e cantavam e
bailavam encantadamente ...
as águas borbulhavam frescor , fluidez, belezas límpidas e
transparentes,
ondinas encantadas bailavam e cantavam alegremente...
E a terra pulsava a vida encantada e saboreava em total plenitude
as delícias sagradas por seus viventes,
que cantavam e bailavam merecidamente".

SIGNIFICADO:

Direcionamento divino conduzindo os fatos, vibrando sabedoria, amor, paz e conhecimentos que iluminam os caminhos levando à plenitude, ao equilíbrio e a verdadeira felicidade.

PERSONALIDADE ENERGÉTICA:

Sábia, inteligente, misteriosa, poderosa, amorosa, criativa, feliz, grata, determinada, realizadora, protetora, espiritualizada, moderna, maternal, provedora, integrada, ativa, harmoniosa, acolhedora, transformadora, equilibrada, observadora e atenta.

REGE:

A energia soberana da criação, o conhecimento, o equilíbrio, os mistérios sagrados, a evolução, a superior e divina inteligência infinita do universo.

CAUSA:

Sempre o equilíbrio e o desenvolvimento inteligente; aqui está o verdadeiro caminho, esta é a energia soberana divina e sagrada. Não existe adoecimento ou aspecto negativo relacionado a esta carta.

168

ESFERA DE LIGAÇÃO COM:

O universo infinito e encantado em desenvolvimento, com a interligação com o todo, com a soberana energia divina e sagrada da criação com o equilíbrio universal.

Obs.: desta soberana esfera energética surgem novos núcleos que são gerados para, no futuro, serem plasmados nos universos. Sentimentos, emoções, pensamentos, atitudes e aprendizados do coletivo, dos viventes de todos os universos influenciaram e influenciarão nessa formação, pois a carta nº 62 "O Caminho" representa o portal mágico do Universo infinito por onde tudo passa e se desenvolve em total equilíbrio universal. Aqui é onde estão contidos todos os registros do passado, presente e futuro infinito, todos os mistérios encantados que a mente humana ainda é incapaz de compreender.

Na verdade, a carta "O Caminho" não tem número, ela é o núcleo onde vibra e é plasmada a energia em desenvolvimento de todas as esferas que existem e que irão existir. Ela é o caminho, o meio, o equilíbrio de toda força e sabedoria sagrada, de todos os núcleos da existência universal, é o grande útero de inteligência superior onde gesta sempre um novo núcleo sempre mais desenvolvido e mais inteligente, este útero é nutrido pela melhor, maior e mais inteligente energia mental universal, aqui está a totalidade infinita, o magnífico mistério da energia criadora divina e soberana deste nosso "UNIVERSO INFINITO E ENCANTADO".

CAPÍTULO IX

Iniciando o atendimento

Algumas vezes ao iniciarmos um atendimento com tarô, podemos nos sentir sem visão nenhuma, ou até mesmo sem saber como começar o trabalho. Isso é normal, afinal somos apenas instrumento transmissor de mensagens, mas se respeitarmos e seguirmos algumas regras simples e básicas, iremos fazer um trabalho sério, o qual, seguramente, ajudaremos não só a pessoa que está sendo consultada, mas todas as ramificações energéticas ligadas a ela, e também a nós mesmos:

A) No primeiro contato com o consulente, o ideal é: aproximadamente 24 horas antes de fazer o atendimento, escrever o nome completo usado pela pessoa (de batismo ou de casada), data e hora de nascimento, colocar esses dados embaixo de uma taça com água com um cristal longo, transparente de duas pontas, dentro da taça. Obs.: este é um ritual de abertura dos trabalhos, em que pedimos permissão para entrar no campo energético da pessoa a ser consultada, esse campo é onde estão registrados os núcleos de energias e todos os fatos que estão ligados e em ação na vida da mesma.

B) Preparação: é fundamental se manter em estado mental e emocional equilibrado, não ingerir bebidas alcoólicas ou outro tipo de drogas, procurar fazer uma alimentação leve, natural, de preferência sem ingestão de carnes.

C) Ao iniciar o atendimento, devemos ter total desligamento da nossa vida própria, entregando-nos por inteiro ao trabalho, observando, analisando, ouvindo, ouvindo, ouvindo e só depois começar a orientação.

D) Devemos sempre pedir que a pessoa a ser consultada escolha uma carta (carta mestra). Esta carta resume a tomada da energia geral que pulsa com maior força naquele momento na vida do consulente. Obs.: pedimos para o consulente ler em voz alta e refletir sobre o sentido da poesia desta carta mestra, perguntamos se a mensagem desta carta mestra faz algum sentido para ela, então ouvimos e esclarecemos o significado da carta, considerando sempre a observação do significado daquela carta subtendida pela pessoa consultada.

E) Embaralhamos e perguntamos por qual assunto o consulente quer começar o atendimento, por exemplo: É amor? É trabalho? É família? É saúde?, etc.

OBS: usamos sete cartas sempre que for tratar de assuntos referentes a pessoas, ou assuntos pessoais, como amor, saúde e outros. Devemos sempre nos informar também se existe alguma pergunta especifica dentro daquele determinado assunto, e sempre saber o assunto que irá ser trabalhado nas sete cartas que irão ser escolhidas pelo consulente.

ATENÇÃO: após embaralharmos, essas cartas deverão ficar disponíveis na mesa ou em forma de leque para serem escolhidas pelo consulente. A ordem de escolha é fundamental ser mantida, formando uma estrela de seis pontas com um centro, como no exemplo abaixo:

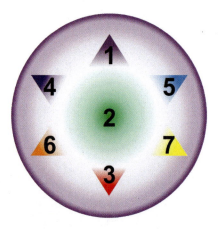

A primeira carta representa a vibração da energia do fogo (espírito), rege a cabeça da estrela do corpo do jogo, se refere à energia inteligente que conduz e que está direcionando o determinado assunto.

A segunda carta representa a vibração da energia gerada por todas as cartas das pontas do corpo da estrela, rege o coração desse corpo e se refere à energia principal, ou seja, a energia de maior vibração atual do próprio consulente.

A terceira carta representa a vibração da energia da terra (físico), rege a base, o fundamento, os pés do corpo da estrela do jogo; se refere à energia de sustentação que dá o equilíbrio e nutre o determinado assunto tratado.

A quarta e sexta cartas regem o passado, os ancestrais, ou energias que já estão sendo colhidas por merecimento próprio, já realidade, fato na vida do consulente; podem também significar a energia do parceiro, quando o assunto é amor, nesse caso o corpo do jogo (cartas 1, 2, 3) representa a energia do consulente, e as cartas 5 e 7 representam as energias externas que estão chegando, ou a energia de outros ou possíveis rivais, depende muito da pergunta do consulente. Obs.: a quarta carta tem a vibração energética do ar (mental) e a sexta carta tem a vibração energética da água (emocional).

A quinta e sétima cartas regem a energia que está chegando, se formando, que pode ou não se tornar fato, aqui a energia é muito sutil, futurística e depende muito das devidas ações, para que ela possa se tornar real, dependendo da pergunta, pode também se tratar de energias externas, de outros, ou até mesmo da energia de possíveis rivais, quando o assunto é amor.

Obs.: a quinta carta tem a vibração energética do ar (mental) e a sétima carta tem a vibração energética da água (emocional).

Segunda opção para colocação das cartas

O consulente poderá escolher nove cartas quando o assunto for referente ao ambiente de trabalho, à residência, à família ou a um determinado local ou grupo. Na seguinte ordem.

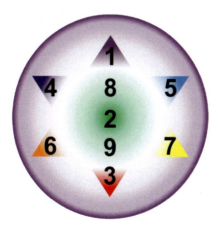

174

Primeira carta: refere-se à energia inteligente e condutora principal, ao chefe, ao líder ou à mãe.

Segunda carta: refere-se à energia do próprio consulente.

Terceira carta: refere-se à energia da sustentação, da base, do provedor, ou à energia do pai, ou à energia do dinheiro.

Quarta e sexta cartas: referem-se ao passado, ou a ancestrais familiares, ou à energia já plasmada, antiga ou pronta já sendo fato, realidade ou colheitas merecidas.

Quinta e sétima cartas: referem-se à energia externa que se forma, que provavelmente poderá se tornar real ou refere-se à energia externa de outros, energia chegando, aproximando-se, porém aqui a energia é futurística e muito sutil, pode ou não se tornar realidade, isso dependerá das devidas ações para serem nutridas e plasmadas.

Oitava carta: refere-se à energia que foi criada por quem lidera, ou um resultado de uma ação, ou a energia de terceiros com influência no comando, ou a energia da filha.

Nona carta: refere-se à energia gerada, ou criada pelo grupo, ou se refere à energia do local, do meio, ou pode se tratar da energia do filho. (OBS: devemos nos adaptar aos fatos reais na vida do consulente. A energia das cartas 8 e 9, por exemplo, sendo 2 filhos homens, o mais velho é representado pela carta da posição 8 e o mais jovem pela posição 9). Não devemos nunca esquecer que a energia captada naquele momento pela mente do tarólogo é o que conduz e ilumina as melhores orientações a serem feitas ao consulente e nunca um jogo é igual a outro.

Energia dos elementos

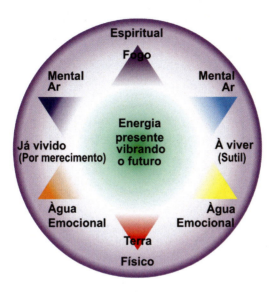

CAPÍTULO X

Esclarecimentos importantes ao tarólogo

Saudação aos quatro elementos

É muito importante analisarmos os quatro principais campos energéticos da pessoa a ser consultada na seguinte ordem:

O físico (terra) - Essa é a primeira informação concreta que nos chega e devemos analisar isso como o todo que já é fato na vida da pessoa a ser consultada. Exemplo: características físicas, estado civil, profissão, como se veste, finanças, etc.

Obs.: no local do atendimento, a terra é saudada sempre com um cristal, ou uma fruta ou um pão e é representada na abertura do jogo do tarô com a 3ª carta escolhida. Ela nos mostra a energia de fundamento daquele assunto ou pessoa, a base, o apoio, a sustentação, é uma das partes do corpo principal do jogo (pés).

Emocional (água) - É a segunda informação que nos chega através da forma que o consulente fala, olha, sorri, gesticula, se emociona ou até chora, etc.

Obs.: no local do atendimento, a água é representada com a taça de água, com um cristal longo, transparente e de duas pontas dentro. ATENÇÃO: a mesma taça de água com o cristal e com os dados do consulente, a qual foi usada para a abertura dos trabalhos, deve ficar na mesa durante o atendimento.

Na abertura do tarô, a água é representada pelas sexta e sétima cartas, a sexta carta está ao lado esquerdo de frente para o tarólogo (ou seja, ao lado direito do consulente, ou lado direito do corpo do jogo), nos esclarece sobre a própria energia do consulente, sobre as energias já em ação plasmadas por seus sentimentos e merecimento adquirido.

A sétima carta nos esclarece sobre a energia que está chegando, formando--se na vida do consulente, ou energias externas influenciando, ou também energia de outros.

Psicológico/mental (ar) - Essa é a terceira informação que chega através do perfil que o consulente passa ou tenta passar da sua própria imagem, por exemplo, profissão, habilidades, intelecto, etc.

Obs.: no local do atendimento, o ar é saudado por incensos ou perfumes e é representado na abertura do tarô pelas cartas nº 4 e nº5. A 4ª carta está ao lado direito do corpo da estrela do jogo ou do consulente e nos esclarece sobre energias já plasmadas, prontas, já em ação e é do merecimento do consulente para seu desenvolvimento e aprendizado.

180

A quinta carta nos esclarece sobre energias externas se formando, as quais estão chegando ou tentando chegar à vida do consulente, ou energia de outros. Essa carta está ao lado esquerdo do consulente e do corpo da estrela do jogo.

O energético (o fogo) - É a quarta informação captada no campo energético do consulente pelo tarólogo que entra em uma frequência direta de comunicação energética, ou seja, sensações boas ou ruins, mensagens auditivas e visuais, etc.

Obs.: a prática, o amor, a dedicação e a seriedade do trabalho faz o desenvolvimento cada vez maior deste portal energético de forte ligação com o sagrado.

No local do atendimento, o fogo é representado pela chama de uma vela e na abertura do tarô, ele é representado pela carta nº1 que é a cabeça do corpo da estrela do jogo, é a energia de comando, tem uma enorme carga energética de vibração.

Centro de equilíbrio (coração do corpo da estrela do jogo) - Rege a energia de equilíbrio entre todas as pontas da estrela e dos quatro elementos, nos esclarece sobre a energia principal, agindo naquele determinado assunto ou pessoa, energia positiva ou negativa influenciada pela vibração de todas as pontas da estrela, gerando um centro vibratório.

Obs.: as posições das cartas na ordem nº1, nº2 e nº3 representam o eixo, o corpo principal, o equilíbrio, a cabeça, o coração e o pé, por esse motivo a carga energética dessas cartas tem um peso maior e principal na leitura do tarô.

Orientações

A – Podemos falar, trabalhar, esclarecer qualquer assunto, mas sempre de sete em sete cartas (ou de nove em nove cartas), sabendo sempre qual assunto será tratado naquele momento, por exemplo, amor, ou saúde, ou trabalho, etc. Isso é muito importante, já que o sentido das cartas mudam conforme o assunto. Um bom exemplo é a carta "Mãe do Ouro" que no amor significa uma pessoa preciosa, especial e encantadora e em outros assuntos pode significar bens herdados, ganhos materiais inesperados, sorte em jogos, etc. Obs.: podemos aprender os significados diferentes de outras cartas, pois estão esclarecidos em cada uma delas em nosso livro.

É importante lembrar que sempre estamos aprendendo em todo atendimento, pois nunca um atendimento é igual a outro e jamais podemos esquecer que as mensagens mais importantes estão, principalmente, sendo transmitidas pela energia divina diretamente em nosso coração e mente. O tarô é um instrumento importante, mas sem a conexão com o Sagrado não é nada, e isso não compramos em cursos, em livros e sim recebemos e desenvolvemos esse dom divino por merecimento, através da fé, dos bons e verdadeiros sentimentos e comportamentos, dedicação, honestidade. Ter a consciência de que somos instrumentos de um trabalho divino nos ajudará sempre a nos manter merecedores desse dom. A vaidade não deve existir, pois ela, a mentira e a desonestidade são as maiores causas de não conseguirmos fazer um bom e verdadeiro trabalho.

Todo atendimento irá nos surpreender e até nos emocionar se estivermos sendo guiados pela energia divina; e com fé e os cuidados necessários, passaremos as mensagens e orientações necessárias ao consulente.

Devemos sempre estar cientes e esclarecer o consulente que o mais importante não é fazer previsões, adivinhações, e sim trabalhar para equilibrar, tratar, confortar, fortalecer, direcionar da melhor forma, já que algumas vezes o consulente não está nem preparado emocional e psicologicamente para ouvir. Portanto devemos ser cautelosos ao passar as informações da melhor maneira e no momento certo.

B - Sempre ao iniciarmos um atendimento com tarô, pedimos a bênção e permissão divina, saudamos o fogo, o ar, a água, a terra: acendemos a vela, o incenso, fazendo a imantação da água e da fruta e nos colocando dentro de um círculo mental de luz com a vibração dos quatro elementos. Chamamos e saudamos nossa energia protetora e a energia de proteção da pessoa que vai ser consultada e iniciamos nosso trabalho, informando-nos por qual assunto começar. Pedimos ao consulente para tirar uma carta mestra, ler a poesia da carta e falar sobre o sentido daquela mensagem para ele; em seguida embaralhamos as cartas e o consulente escolhe 7 ou 9 cartas, entregando ao tarólogo. Essas cartas deverão ser colocadas sobre a mesa.

Obedecendo rigorosamente a ordem que as cartas foram escolhidas, podemos abrir o tarô para vários assuntos, sempre de 7 em 7 cartas separadamente (ou 9 em 9) para cada assunto. Podemos tirar mais 3 cartas para esclarecer alguma dúvida de um determinado assunto, ou tirar até 3 cartas para trabalhar

182

na cura e na orientação para o reequilíbrio energético de algum assunto que possa estar com uma vibração não muito boa.

O tempo normal de um atendimento é de 1 hora a 1 hora e meia, e ao terminarmos o atendimento, devemos desativar o círculo de proteção, agradecendo pela bênção, esclarecimentos, mensagens, ajuda e proteção. Jogamos a água da taça em água corrente ou abrimos a torneira e jogamos no ralo, colocamos a fruta ou o pão na natureza, num jardim ou até em um vaso de planta.

Esse trabalho de atendimento com as cartas deve ser cobrado, porém não se deve manipular o consulente que, na maioria das vezes está frágil e inseguro, e poderá criar uma dependência do seu atendimento; devemos sim, fortalecer a fé, o poder e a força interior da pessoa para que siga mais segura, forte e equilibrada; e se, uma nova consulta acontecer, que seja de uma forma espontânea e muito natural.

Poderá algumas vezes acontecer uma doação do seu atendimento com as cartas, algumas vezes motivadas por afeto, vontade de ajudar ou por saber que aquela pessoa no momento está precisando, mas não está em condição financeira de pagar por esse trabalho, e esta atitude é muito positiva, pois nunca devemos colocar o interesse financeiro acima do amor que temos por nosso trabalho.

Obs.: jamais devemos usar nosso trabalho com as cartas para manipular interesses pessoais ou financeiros, devemos receber o valor estipulado e justo pelo nosso tempo de trabalho, mas há casos que o consulente, espontaneamente, por afeto, ou gratidão, presenteia num gesto de carinho. Isso deve ser aceito de forma natural, mas usar o bom senso é fundamental para sermos um bom exemplo dentro desse trabalho que executamos.

CAPÍTULO XI

Esclarecimentos importantes ao consulente

É fundamental esclarecer para a pessoa que consulta o tarô que todas as mensagens recebidas são uma oportunidade que o Universo está oferecendo para aproveitar melhor e de forma mais esclarecida as boas energias ali mostradas, ou até mesmo saber como transmutar as possíveis energias estagnadas que podem estar agindo de forma negativa na vida do consulente, mas de qualquer forma é preciso uma ação, a participação ativa do consulente para aproveitar da melhor maneira todas as mensagens esclarecidas, pois, por pior que seja a mensagem, é uma alternativa recebida de se reprogramar o campo energético e trabalhar para mudar essa energia.

A mensagem que chega é uma permissão divina, a qual é dada para mudarmos o fluxo de uma história que não está indo bem, essa mudança deve começar sempre pelas ações da pessoa consultada que, sem dúvida, precisa tomar consciência do perdão, da mágoa, da acomodação, do inimigo, etc. Mudando, ela estará em ação, trabalhando para cura e o equilíbrio.

Quando recebemos mensagens com boas energias, é importante orientar o consulente para que ele valorize e saiba aproveitar aquele núcleo de energia. Muitas vezes, oportunidades maravilhosas estão no caminho do consulente; só está precisando acreditar, investir, ir buscar através de contatos, ou estudos, etc., mas nada vai acontecer, se o consulente esperar sentadinho em casa; o querer algo, usando inteligência e ação tem o poder da realização, esse querer tem que ser despertado lá na mente e no coração do consulente. Só assim as mudanças positivas acontecem, pois ninguém consegue ajudar alguém se ele mesmo não quiser, é o livre arbítrio em ação.

Obs.: devemos informar ao consulente que nem tudo pode ser interferido por nós e nem é mostrado nas cartas, pois são mistérios divinos. Porém em tudo que as cartas nos esclarecem podemos trabalhar para o equilíbrio e felicidade do consulente, por este motivo, em todas as cartas com energias negativas pode-se iniciar um tratamento de reequilíbrio energético, colocando sobre elas uma carta ou até três cartas de cura escolhidas pelo consulente, esclarecendo o significado e a forma que aquela energia da carta de cura deve ser trabalhada, para que seja transmutada toda força negativa que ali está estagnada, atrapalhando o fluxo equilibrado e harmonioso na vida do consulente (se a cura não sair até a terceira carta, orientamos trabalhos energéticos).

Orientações ao consulente para o reequilíbrio energético

São inúmeras formas de trabalhos para ajudar o consulente, mas sempre devemos respeitar a religião de cada um, as afinidades e a energia a ser trabalhada.

1. A ARTE

- Música suave para acalmar ou alegres para transmutar tristezas e depressões.
- Pintar ou desenhar algo que precisa ser alcançado.
- Escrever textos de afirmações positivas ou até mesmo poesias para exteriorizar sentimentos.
- Danças, etc.

2. A FÉ

- Orações para proteções, para o perdão, para cura, para o entendimento e o saber agradecer.
- Trabalhos com o fogo, ou ar, ou água, ou terra, mas sempre com a orientação certa para cada objetivo, esclarecendo sempre sobre a força de cada lua.
- Cristais, ervas, flores, frutas, mel, perfumes, incensos, etc. podem ajudar o consulente a trabalhar o próprio equilíbrio de seu campo energético, ou do ambiente. Mas sempre com as orientações do Tarólogo.
- Indicação de um trabalho de doação ou caridade também pode ajudar em muitos casos.

3. A AÇÃO DO CONSULENTE

- Orientação de uma mudança positiva de comportamento para alcançar a energia necessária que as cartas indicaram. Exemplo: perdoar, respeitar o próximo, foco para alcançar o desejado se cuidar melhor, etc. Lembrando sempre que o amor é a maior magia e que nossa realidade nós mesmos podemos criar.

NOTA

- São muitas as formas de trabalhar a cura de determinadas energias do consulente, mas acredite que, no momento do atendimento, o Tarólogo sempre receberá as informações a serem passadas, lembrando que cada consulta é sempre diferente e cheia de mensagens surpreendentes. É maravilhosamente, gratificante quando percebemos com clareza ao seu término, que o consulente já se sente bem e mais seguro; e, melhor ainda, quando recebemos novas e boas notícias dele, porque assim nos certificamos de termos realizado um ótimo trabalho.

Boa sorte! E que as melhores energias universais nos envolvam sempre para que sejamos instrumentos de orientação, distribuindo amor e luz.

Grande aliada para o reequilíbrio energético: a arte terapia

Através da arte bem direcionada e de preferência de forma bem consciente e esclarecida, podemos atingir de forma mais confortável e rápida as esferas energéticas que precisam ser trabalhadas, e assim atingir o equilíbrio necessário.

Atualmente, muitos terapeutas, psicólogos e psiquiatras usam a arte para visualizar o foco da origem do desequilíbrio, e usam também para trabalhar a própria cura no paciente, através de pinturas, desenhos, cores, colagens, danças, músicas, encenações teatrais, etc. Assim, o paciente consegue, muitas vezes, melhor exteriorizar suas dores; vale destacar aqui a poesia como uma grande aliada para essa exteriorização. A arte tem o poder de conexão com a esfera energética da cura com muita rapidez (ela pertence ao portal mental que vibra a energia do ar e penetra rapidamente no campo energético do paciente).

Obs.: este tipo de tratamento está apenas começando, quanto mais evoluída a humanidade estiver mais esta prática será usada. Na nova era, será uma das medicinas mais aplicadas. Felizmente, já temos alguns ótimos profissionais na área.

188

Apresentação do mentor

Para levar, de uma forma mais fácil e simples, conhecimentos importantes e complexos a pessoas as quais necessitam de certos esclarecimentos; precisei de permissão e livre arbítrio de alguém que se colocasse como instrumento de trabalho universal. Esta pessoa não poderia ter muitos contatos externos; a mente deveria estar aberta e limpa; deveria ter humildade; não poderia ser alguém já influenciada pela visão do saber dos que se dizem conhecedores de verdades já ditadas; a linguagem deveria ser de uma pessoa simples; os símbolos a serem passados deveriam ser compreendidos de uma forma bem clara, para que até mesmo uma criança pudesse compreender; e essa pessoa deveria ter, de verdade, no coração, o sentimento de querer se melhorar e se dedicar a cada dia a este trabalho; ter a sabedoria de ouvir a voz e sons que não são ouvidos; enxergar, sentir, tocar e falar com aqueles que só os considerados loucos o fazem. E a coragem pura, quase inocente, que vi nessa minha irmã que muitos de vocês podem achá-la estranha, foi o que mais nos ajudou a juntos trabalharmos por muitas horas, na maioria das vezes nas madrugadas quando todos dormiam. A vontade de aprender e de passar para todos foi a fonte que alimentou este nosso trabalho, e mesmo eu sendo experiente de muitas vidas vividas, envolvido em grandes estudos, sendo reconhecido entre a humanidade como gênio, não aprendi e não tive a grande sabedoria de me preocupar em me expressar com simplicidade para que eu pudesse levar o conhecimento necessário para muitos, conhecimento do qual fui comprometido em transmitir. Para muitos, minha missão ficou incompleta, mas como estamos todos interligados entre as esferas e dimensões, tivemos o merecimento e a bênção de mais uma oportunidade de aprender e crescer. Há os que julgam que só os que estão habitando outras dimensões fora da Terra são os que podem ajudar como guardiões, protetores e orientadores. Mas saibam que aqui também podemos aprender com muitos de vocês. Eu que fui por muitas vezes considerado um gênio, agradeço por aprender muito com essa minha irmã que me mostrou como aprender no livro mais sagrado que existe. Este livro, que não se fecha, não fica guardado na biblioteca e está o tempo inteiro à disposição de quem realmente deseja aprender; este livro é o Universo e nele estamos interligados com as maiores sabedorias. Observe, sinta e escute a voz sagrada e divina. O pescador aprende, assim, a conhecer o tempo e o mar. Eu, hoje, sou como um pescador, aprendendo e ensinando com simplicidade e naturalidade e, enfim, a paz e a sensação do dever cumprido chega até mim, pois hoje sei que o aprendizado é infinito, o Universo nasce e renasce, se refaz sempre, e sempre para melhor. Quando achamos que sabemos tudo, já é hora de recomeçar, pois o que hoje é sabedoria logo, logo estará ultrapassado. Novas informações e conhecimento sempre se renovarão, mas a trajetória do passado até o hoje é a base de todo um futuro inteligente glorioso e feliz.

Obs.: gostaria de registrar que assino **Allinn Aladh** por uma das minhas primeiras vidas humanas, quando pela primeira vez fui visto e respeitado como um grande sábio. Voltei a Terra por muitas vezes por não ter aprendido a importância de reconhecer que estamos interligados, não aprendia a importância de dividir o conhecimento, dividir o que sabemos e temos de melhor, pois só estaremos caminhando para o desenvolvimento sagrado se realmente estivermos expandindo a todos a luz do conhecimento. O livro fechado e guardado de nada vale e muitos de vocês ainda não sabem. Tudo que podemos fazer para o outro, na verdade, estamos fazendo a nós mesmos.

Allinn Aladh
Transcrito em 07/01/2012

CAPÍTULO XII

Conclusão

Já chegamos ao entendimento, através dos nossos estudos, com um conhecimento mais prático do caminho que Buda nos falou: "O caminho do meio". Isto é, procurarmos nos manter em equilíbrio de preferência com as esferas de uma vibração mais evoluída e inteligente, já que a energia primitiva é uma explosão de força bruta já vivenciada por nós em esferas do nosso princípio, quando estávamos nos individualizando. Por esse motivo, facilmente, nós nos conectamos com esses núcleos que vibram paixões, medos, apegos, desejos, agressões, mágoas, tristezas, vinganças, etc. Então, já sabemos também que nesses núcleos ancestrais primitivos constam nossos registros de vidas onde desenvolvemos nossos instintos, e são neles que estão contidas a nossa força de proteção e a nossa coragem a fim de seguirmos para a evolução e sobrevivência, eles são nossos princípios, nossa base, nossas raízes e algumas vezes precisamos acessá-los para nos curarmos, nos fortalecermos.

Em relação aos núcleos mais evoluídos, estamos ainda caminhando em sua direção, aprendendo a vivenciá-los e a nos conectarmos com mais facilidades com suas energias de compreensão, perdão, paz, alegria, gratidão, e integração de amor incondicional e cuidado com o todo.

O caminho do meio é onde está o equilíbrio, aqui em nosso tarô ele é representado pela carta de nome "O Caminho". É a estrela de seis pontas (estrela de Davi) e o centro da estrela representa o centro do Universo, onde sempre nascem núcleos mais inteligentes e evoluídos, resultado do aprendizado, aqui as melhores vibrações, as energias já filtradas estão em ação, trabalhando de forma superinteligente para que o Universo nunca pare de evoluir, aqui é o caminho para o equilíbrio, para o desenvolvimento universal. Muitos estudiosos do assunto reconhecem este núcleo e dão a ele o nome de grande sol central. É importante esclarecer que a Terra está cada vez mais próxima deste magnífico centro energético e, por esta razão, algumas crianças já estão chegando ao nosso planeta com o cérebro geneticamente modificado. Muitos dentre nós, por merecimento próprio, estão passando por mudanças e adaptações necessárias para contribuírem de alguma forma no grande movimento para cura e reequilíbrio da nossa Mãe Terra. Haverá um recomeço mais inteligente nas tecnologias, construções, ciências, etc. Evoluindo harmonicamente com a natureza, o início deste movimento já pode ser claramente notado. Tudo e todos que não estiverem na mesma energia serão atraídos para outras esferas de suas verdadeiras vibrações energéticas. É a nova era, o novo tempo. Essas mudanças genéticas irão acontecer lenta e naturalmente, influenciando a aparência e o

194

comportamento humano. Homem e mulher serão muito mais semelhantes. Por exemplo, homens com menos pêlos e com mais sensibilidade, mulheres mais fortes fisicamente e menos emotivas, etc.

Resumindo, a Terra realmente entrará em uma nova era de muitos estudos, desenvolvimentos e curas inteligentes, de muitos segredos universais revelados e comprovados pela ciência. Recursos para uma melhor qualidade de vida bem mais longa serão desenvolvidos. Todos e tudo que não conseguirem se conectar com a energia da nova era serão atraídos para outras esferas mais distantes onde o aprendizado será mais difícil. E árdua também será uma reaproximação com os habitantes da nova era, mas não impossível, pois a evolução continuará também para eles, só que de forma mais lenta. Por esses motivos, existem muitos grupos de vários segmentos religiosos e filosóficos espalhados por todo planeta, trabalhando para um rápido resgate de várias pessoas.

O caminho é o entendimento, para a integração, para o amor em ação, para o desenvolvimento equilibrado entre tudo e todos. Estamos recebendo ajuda e esclarecimentos de habitantes de esferas mais evoluídas, esses esclarecimentos chegam, principalmente, quando estamos dormindo. Todos estão tendo as mesmas oportunidades de desenvolverem e aprenderem, mas nem todos estão sabendo aproveitar. Estamos vivenciando em nosso planeta o momento de "separar o joio do trigo", como dito na Bíblia. Por isso, estamos assistindo ações de amor fantásticas e ao mesmo tempo ações horripilantes, grandes misturas energéticas, confusões e insegurança, mas precisamos nos manter equilibrados e entender esse grande movimento energético que acontece para uma grande reorganização, na qual muitos estão mudando positivamente, tomando consciência e contribuindo para que uma gigantesca energia de catástrofe, a qual estava se plasmando para essa virada para nova era não aconteça da forma que poderia acontecer.

Essas mudanças de atitudes e de tomada de consciência estão contribuindo para formar uma esfera energética de proteção em torno de nosso planeta (pensamentos coletivos) e assim a grande calamidade já está se fragmentando, aos poucos se desmanchando, deixando vítimas sim, mas de forma incomparável caso esta explosão de força destrutiva chegasse a sua totalidade de uma única vez.

Que possamos agora, já esclarecidos, saber usar nossa energia divina para contribuir com esse equilíbrio e desenvolvimento universal, cada um de nós tem grande importância nessa mágica teia. Somos sementes do Universo no Universo, e responsáveis pelos nossos frutos; alimentamos e somos alimentados por tudo que geramos neste Universo infinito e encantado.

Impressão e acabamento
Gráfica da Editora Ciência Moderna Ltda.
Tel: (21) 2201-6662